GUANGDONG PUBLICATION FUNDS · 广东省原创精品出版资金扶持项目

21世纪海上丝绸之路与沿线国家区域旅游合作丛书
21 Shiji Haishang Sichou Zhilu yu Yanxian Guojia Quyu Luyou Hezuo Congshu

21世纪海上丝绸之路与智慧旅游

21Shiji Haishang Sichouzhilu yu Zhihui Luyou

朱定局 著

廣東旅游出版社
GUANGDONG TRAVEL & TOURISM PRESS
悦读书 · 悦旅行 · 悦享人生
中国 · 广州

图书在版编目（CIP）数据

21世纪海上丝绸之路与智慧旅游 / 朱定局著. — 广州 ：广东旅游出版社，2016.6
ISBN 978-7-5570-0341-8

Ⅰ. ①2… Ⅱ. ①朱… Ⅲ. ①旅游业发展－信息化－研究－中国 Ⅳ. ①F592.3-39

中国版本图书馆CIP数据核字(2016)第034656号

出 版 人：刘志松
策划编辑：官 顺
责任编辑：官 顺 黄罗婷
责任校对：李瑞苑
封面设计：邓传志
责任技编：刘振华

21 世纪海上丝绸之路与智慧旅游
21SHI JI HAI SHANG SI CHOU ZHI LU YU ZHI HUI LU YOU

广东旅游出版社出版发行
（广州市越秀区环市东路338号银政大厦西楼12楼）
邮 编：510180
电 话：020-87348243
网 址：www.tourpress.cn
印 刷：深圳市希望印务有限公司
（深圳市坂田吉华路505号大丹工业园A栋二楼）
开 本：787mm×1092mm 16开
字 数：150千字
印 张：10.5
版 次：2016年6月第1版
印 次：2016年6月第1次印刷
印 数：1-3000册
定 价：28.00元

前言

海上丝绸之路智慧旅游中智慧不仅仅是智能。智慧旅游绝不仅仅是信息技术的智能化应用，还包括旅客的智慧参与、以旅客为本等内涵。海上丝绸之路智慧旅游不仅仅是物联网、云计算等新一代信息技术的应用，更重要的是基于新一代信息技术在海上丝绸之路旅游中的方法创新和应用创新。

海上丝绸之路智慧旅游通过物联网基础设施、大数据基础设施、云计算基础设施、移动互联网基础设施等新一代信息技术以及数据挖掘、社交网络、O2O等工具和方法的应用，实现全面透彻的旅游感知、宽带泛在的旅游信息互联、智能融合的旅游应用，以及以游客创新、开放创新、大众创新、协同创新为特征的可持续旅游应用创新，强调通过价值创造，以游客为本实现旅游产品、旅游经济、旅游环境的全面可持续发展。

海上丝绸之路智慧旅游能够充分运用最先进的信息和通信技术手段感测、分析、整合旅游运行核心系统的各项关键信息，从而对于包括旅游产品、旅游营销、旅游商务、旅游服务、旅游活动在内的各种旅游需求做出智能的响应，为游客创造更美好的旅游体验。

随着信息技术的不断发展，城市信息化应用水平不断提升，智慧城市建设应运而生。建设智慧城市在实现城市可持续发展、引领信息技术应用、提升城市综合竞争力等方面具有重要意义。

建设海上丝绸之路智慧旅游是实现旅游可持续发展的需要。我国旅游发展的步伐不断加快，随着游客人数不断膨胀，“旅游难”成为困扰旅游发展与管理的首要难题，黑导游、黑旅行社、景区内部强买强卖、肆意拉客宰客、随意涨价等问题日益突出。为了破解“旅游难”困局，智慧旅游应运而生。由于智慧旅游综合采用了包括物联网、大数据、移动互联网、云计算、社交网络、O2O技术在内的新一代信息技术，因此能够有效地化解“旅游难”问题。这些技术的应用能够使旅游变得更易于被感知，旅游资源更易于被充分整合，在此基础上实现对旅游的精细化和智能化管理，从而提高旅游服务质量、改善游客体验，减少旅游资源消耗，降低旅游环境污染，解决旅游交通拥堵，消除旅游安全隐患，最终实现旅游的可持续发展。

海上丝绸之路智慧旅游是信息技术发展的需要。旅游信息资源也日益成为重要的旅游产品的要素。智慧旅游正是在充分整合、挖掘、利用信息技术与旅游信息资源的基础上，从而实现对旅游各领域的精确化管理，实现对旅游资源的集约化利用。由于旅游信息资源在当今旅游发展中的重要作用，海上丝绸之路沿线各地纷纷出台智慧旅游规划，以促进旅游信息化的快速发展，从而达到抢占新一轮旅游信息化制高点的目的，进而促进海上丝绸之路智慧旅游又好又快地发展。

在新一代信息技术促进海上丝绸之路智慧旅游发展的同时，一方面，智慧旅游的发展将极大地带动包括物联网、大数据、移动互联网、云计算、社交网络、O2O技术在内的战略性新兴产业的发展；另一方面，智慧旅游的发展对交通、物流、金融、电商、环保等领域的发展也具有明显的带动作用，对海上丝绸之路区域扩大内需、调整结构、转变经济发展方式的促进作用同样显而易见。因此，建设智慧旅游对海上丝绸之路区域综合竞争力的全面提高具有重要的战略意义。

由于作者水平有限，书中难免有不妥甚至错误之处，恳请读者批评指正。

朱定局
于华南师范大学
2015年7月20日

目录

第一章

21 世纪海上丝绸之路与智慧旅游

海上丝绸之路智慧旅游建设已经如火如荼地展开。国家旅游局将2014年定为智慧旅游年，将2015年定为“美丽中国——丝绸之路旅游年”。2014年7月29日，由广东省委组织部、省旅游局联合主办的海上丝绸之路旅游合作专题研讨班正式开班。澳门以旅游业对接海上丝绸之路打造旅游中心。广西海上丝绸之路游轮即将首航。

现有智慧旅游研究尚处于初步，还没有全面深入地研究如何充分利用物联网、大数据、数据挖掘、移动互联网、云计算、社交网络、O2O技术来提高旅游的智慧。同时，丝绸之路旅游产品涉及多地区、多语言、更加复杂的旅游环境和旅游风险，这些特性加大了海上丝绸之路对智慧旅游需求的迫切性，同时这些特性也加大了海上丝绸之路旅游发展难度，传统的“旅游难”问题，包括旅游资源消耗、旅游环境污染、旅游交通拥堵、旅游安全隐患，例如黑导游、黑旅行社、景区内部强买强卖、肆意拉客宰客、随意涨价……在海上丝绸之路旅游中将更为突出，而防止和解决海上丝绸之路旅游发展难题的利器就是智慧旅游。

第一节　21世纪海上丝绸之路智慧旅游的技术框架

物联网、移动互联网是海上丝绸之路智慧旅游的数据来源，其中物联网通过传感器来采集旅游数据，移动互联网通过手机来采集旅游数据。物联网、移动互联网不但是旅游数据采集的渠道，同时也是旅游数据分发的渠道。通过物联网可以控制旅游景区的设施，通过移动互联网可与游客进行交互。可见，物联网、移动互联网是双向的，是将比特世界与物理世界进行衔接的桥梁和纽带。物联网、移动互联网可以将物理世界的旅游信号输送到比特世界，同时又可以将比特世界的旅游数据转化为物理世界的旅游信号。

大数据、云计算是海上丝绸之路智慧旅游的数据管理和处理手段，所有的旅游数据都通过大数据技术进行存储、管理和分析，而云计算可以使得这种存储、管理和分析更为方便和快速。同时，云计算将物联网、移动互联网的输入数据分布式地并发地吸入大数据中心，并将大数据中心处理得到的结果分布式地并发地输出到物联网、移动互联网。

社交网络是海上丝绸之路智慧旅游的游客网络，虽然社交网络构建于互联网和移动互联网之上，但又不同于只用于数据传输的互联网和移动互联网，因为社交网络被赋予了游客关系，所以在以游客为本的海上丝绸之路智慧旅游中，社交网络显得尤为重要。可见，社交网络是在互联网和移动互联网之外，与游客更为接近的一层虚拟网络。

O2O是海上丝绸之路智慧旅游的渠道网络，虽然O2O构建于物联网和移动互联网之上，但又不同于侧用于数据传输的互联网和移动互联网，因为O2O被赋予了旅游商业渠道模式，即线下旅游与在线旅游的互联互通、互相补充、互相联动。不同于社交网络的主要目的是在游客之间建立关系网，O2O的目的是联通线下旅游与在线旅游，是想将线上游客带到线下消费，将线下游客带到线上消费，从而起到事半功倍的效益。

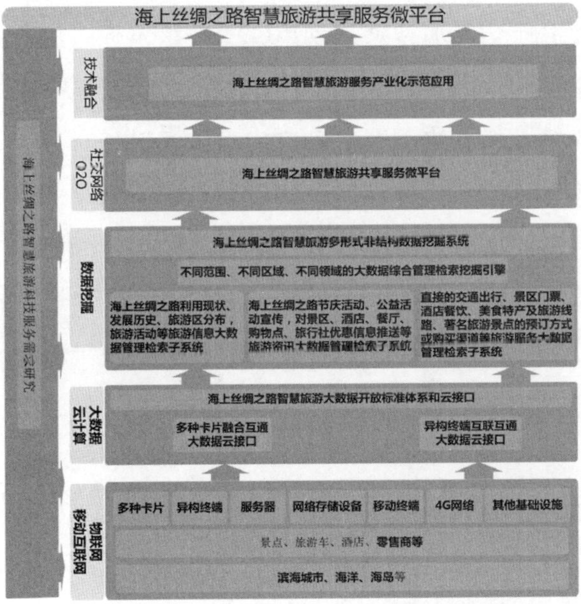

海上丝绸之路智慧旅游的技术框架图

第二节　21世纪海上丝绸之路智慧旅游的应用模式

本书将物联网技术、大数据技术、数据挖掘技术、云计算技术、移动互联网技术、社交网络技术、O2O技术融入智慧旅游之中，例如，利用物联网技术，使得海上丝绸之路旅游电子商务、旅游景区管理、旅游安全、旅游物流更加智慧；利用大数据技术，来促进海上丝绸之路旅游行业转型升级，使得海上丝绸之路旅游资源管理和优化、旅游市场与精准营销、旅游客户关系管理、旅游企业运营管理、旅游数据商业化更加智慧；利用数据挖掘技术，来增进对过去和曾经的旅游业务的理解、对以后和将来的旅游业务的认知、对当下旅游业务进行判断并进行实时处理，来提高游客忠诚度，来进行游客流量预测，使得海上丝绸之路旅游贷款偿还预测和游客信用评价、旅游业务关联分析、游客市场细分、游客价值分析、游客流失预警、新游客开发以及新旅游产品推广更加智慧；利用移动互联网技术，使得海上丝绸之路旅游位置服务、旅游服务Android系统更加智慧；利用云计算技术，来促进海上丝绸之路个性化旅游；利用社交网络技术，使得海上丝绸之路旅游营销、旅游社交更加智慧；利用O2O技术，促进线上海上丝绸之路旅游线下整合，使得海上丝绸之路在线旅游更加智慧。

本书为了理清技术的脉络，在每种应用中侧重讲一种技术，实际上每种应用中可能会同时用到几种技术的融合，正如最后一章所列举的几个例子。所以不能将前面几章所讲的应用画地为牢地认为只需要该章所讲的技术，例如，本书将物联网作为旅游电子商务的支撑技术，但实际上旅游电子商务显而易见地也会用到云计算、大数据、O2O、移动互联网技术，但由于篇幅限制，本书不可能全面罗列，只能抽其典型的应用和典型的技术来进行讲解。

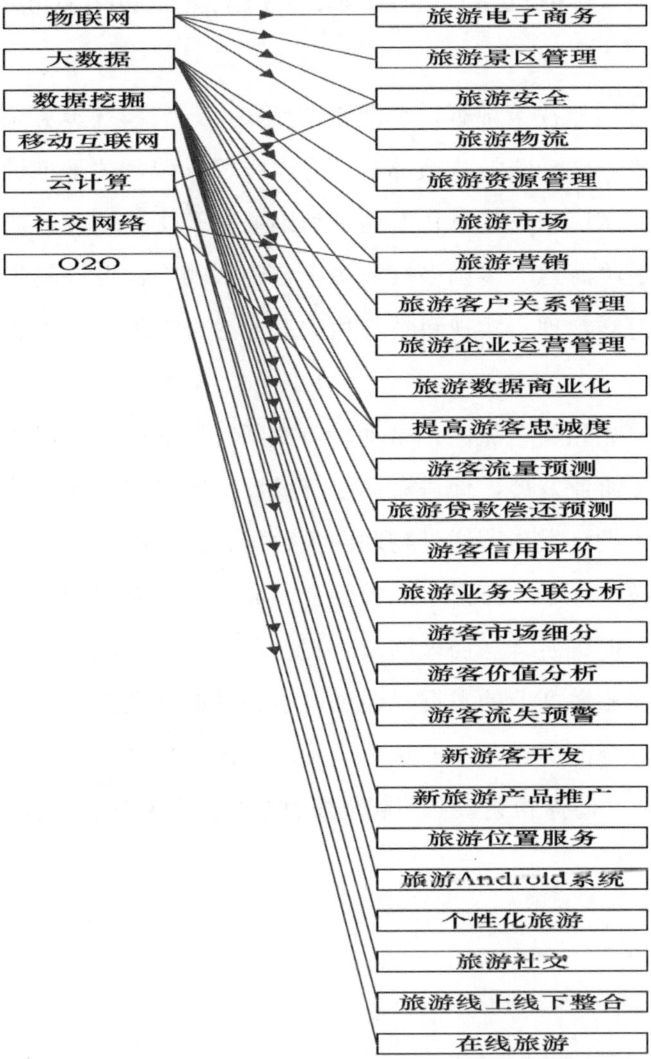

海上丝绸之路智慧旅游的应用示意图

第三节　21 世纪海上丝绸之路智慧旅游的前景展望

围绕“海洋强国”决策部署，全面贯彻落实十八大和《国务院关于加快旅游发展的意见》、“一带一路”战略部署和海洋维权宣传、关于推进海洋旅游发展的合作框架协议、《广东省信息化发展规划纲要》等文件精神，通过海上丝绸之路智慧旅游，促进“海丝”多国多行业多平台的大融合，发挥其集合优势，以旅游开发覆盖人性海洋治理，实现科技与相关产业融合发展，扩大旅游经济从陆域走向深蓝。

通过海上丝绸之路智慧旅游，带动城市空间开发从陆域、浅蓝走向深蓝，带动海上丝绸之路旅游业发展，促进海洋经济发展，对第三产业发展起整合促进作用，提高滨海城市经济发展。通过物联网大数据云计算融合传统行业大数据，促进旅游文化与科技、金融、海洋事业等融合。通过移动互联网O2O微平台拉近游客与海洋的距离，促进游客与商家的及时互动和交易，促进旅游区由服务后台走向前台，促进海洋旅游产业的发展。通过科学合理的产业整合联盟，通过海上丝绸之路智慧旅游，全面促进各产业从单一发展，走向集群化产业发展。对旅游、文化娱乐、饮食业、海洋相关事业等起全面整合与产业对接促进作用！

第二章

21 世纪海上丝绸之路与智慧旅游之物联网

物联网在海上丝绸之路旅游中有着广泛的应用，例如，基于物联网的旅游电子商务、旅游景区管理、旅游安全、旅游物流。海上丝绸之路旅游物联网就是跟旅游相关的物物相连的互联网。这有两层意思：其一，海上丝绸之路旅游相关物联网的核心和基础仍然是海上丝绸之路旅游相关互联网，是在海上丝绸之路旅游相关互联网基础上的延伸和扩展的网络；其二，海上丝绸之路旅游相关用户端延伸和扩展到了任何海上丝绸之路旅游相关物品与物品之间，进行海上丝绸之路旅游相关信息交换和通信，也就是物物相息。海上丝绸之路旅游物联网通过智能感知、识别技术与普适计算等通信感知技术，广泛应用于海上丝绸之路旅游相关网络的融合中。海上丝绸之路旅游物联网是海上丝绸之路旅游互联网的应用拓展，与其说海上丝绸之路旅游物联网是网络，不如说海上丝绸之路旅游物联网是海上丝绸之路旅游业务和应用。因此，海上丝绸之路旅游应用创新是海上丝绸之路旅游物联网发展的核心，以海上丝绸之路旅游用户体验为核心是海上丝绸之路旅游物联网发展的灵魂。

第一节　基于物联网的21世纪海上丝绸之路旅游电子商务

物联网技术在海上丝绸之路旅游电子商务中的应用前景是十分广阔的，应用方法和类型多种多样。物联网技术在海上丝绸之路旅游电子商务各环节中的应用，不仅能给海上丝绸之路旅游电子商务带来新的经济增长点，而且能彻底解决海上丝绸之路旅游电子商务中的一系列问题，明显提升海上丝绸之路旅游电子商务的核心竞争力。

21世纪海上丝绸之路旅游电子商务的前景

随着海上丝绸之路旅游电子商务的迅猛发展，未来海上丝绸之路旅游电子商务各环节对技术的要求也会随之增加。物联网技术在海上丝绸之路旅游电子商务库存、物流、支付三个重要环节中可以得到应用，尤其是RFID(无线射频技术)、

ZigBee技术在库存和物流环节的应用。可以构建智能仓库管理系统、“外卖式”物流。移动支付是未来海上丝绸之路旅游电子商务支付的重要手段，同时物联网技术在海上丝绸之路旅游电子商务各环节发展中将发挥重要作用。

海上丝绸之路旅游电子商务将朝着多元化、便捷化发展，行业之间的竞争也会愈加激烈。海上丝绸之路旅游电子商务体系中包含了库存、物流及电子支付等重要环节，如果实现物联网技术在海上丝绸之路旅游电子商务各环节中的应用，将大大提高海上丝绸之路旅游电子商务体系的运行效率，降低运营成本，提升客户体验，使海上丝绸之路旅游电子商务进入一个新的发展阶段。物联网与海上丝绸之路旅游电子商务的结合所形成的海上丝绸之路旅游电子商务体系，可以用下图表示：

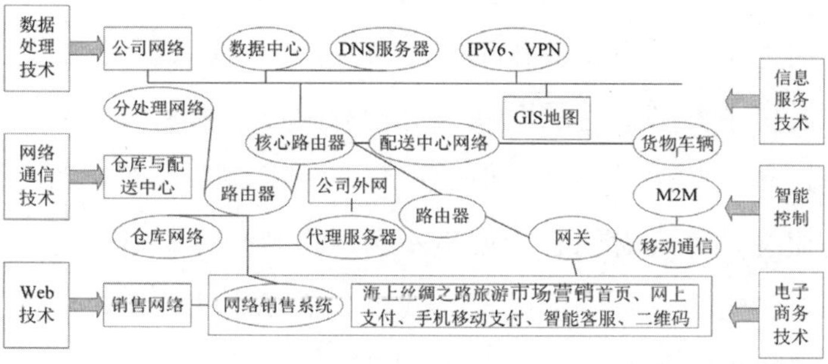

基于物联网的海上丝绸之路旅游电子商务体系

传统海上丝绸之路旅游电子商务的问题

海上丝绸之路旅游电子商务市场是在海上丝绸之路旅游景点零售业务的基础上发展而来的。海上丝绸之路旅游景点零售业务存在着基础设施建设落后、商业模式缺乏创新、产品质量难以保证、支付安全性欠佳、物流配送不到位等问题，严重制约了海上丝绸之路旅游电子商务的发展。

1. 支付问题

支付的便捷性和安全性问题是海上丝绸之路旅游电子商务高速发展的重要保证。海上丝绸之路旅游电子商务网上支付服务尚须完善和深化。尽管海上丝绸之路之路旅游网上支付在用户规模和交易额方面取得突破性增长，但是，海上丝绸之路旅游网上支付服务仍然需要完善和提高。存在的主要问题包括：海上丝绸之路旅游用户操作繁琐；支付安全存在隐患，没有形成可靠的安全体系；网络支付没有特定的标准金融体系，对网络支付支撑不足，缺乏积极性；网络支付的相应的法律、法规发展滞后。另外，海上丝绸之路旅游的支付方式对那些有网购需求的偏远地区的用户的支付存在较大困难，进一步阻碍了海上丝绸之路旅游电子商务市场的推广。

2. 物流配送体系问题

海上丝绸之路旅游电子商务的发展还和旅游企业的配送体系密切相关。一个完整的海上丝绸之路旅游电子商务是有库存、物流、资金、支付等组成的商贸活动。物流是海上丝绸之路旅游电子商务运作过程的重要组成部分，它在海上丝绸之路旅游电子商务中起着重要的作用，高效率的物流配送是不可缺少的。随着海上丝绸之路旅游电子商务快速的发展，对物流配送的要求也越来越高。在我国，尽管有邮政速递和一些快递公司，但他们只完成了海上丝绸之路旅游物流系统中最基本的配送服务，而且时间长，渠道不畅，在客户中口碑不好，根本无法满足海上丝绸之路旅游电子商务物流配送高效率、低成本的要求，制约了海上丝绸之路旅游电子商务的快速发展。

3. 网络基础设施能力薄弱问题

海上丝绸之路旅游电子商务是基于信息网络通信的商务活动，其特点是实时、快速，海上丝绸之路旅游电子商务的发展从一定程度上可以说取决于信息基础设施的规模。而我国网络基础设施建设还比较缓慢和滞后，已建成的网络质量离海上丝绸之路旅游电子商务的要求还相距较远。因此，加大基础设施建设的力度，提高投资效益，切实改变网络通信方面的落后面貌，成为促进海上丝绸之路旅游电子商务应用发展的首要问题。

物联网技术在21世纪海上丝绸之路旅游电子商务中的应用

目前，我国发展物联网所需的自动控制、信息传感、RFID射频识别等技术和产业都已经基本成熟，它将会对海上丝绸之路旅游电子商务有很大的推动作用。

1．库存

这里的库存包括分公司、仓库、配送中心三个方面。大型海上丝绸之路旅游电子商务企业，往往按照区域成立了多个分公司，分公司管理一个地区设置好的海上丝绸之路旅游商品仓库、配送中心。对于这样的多地库存方式，需要一个支持其运转的智能库存网络体系。这个体系由三部分网络构成：

(1)海上丝绸之路旅游电子商务分公司网络。分公司通过接入路由器与总公司连接，通过RFID无线射频技术和ZigBee短距离无线通信技术，构成一张巨大的“电子商务网”，通过这张“电子商务网”，汇聚海上丝绸之路旅游电子商务销售平台上的实时销售数据，向总公司汇报；海上丝绸之路旅游电子商务总公司经过信息反馈，与连接的仓库与配送中心网络协调，实时采集当前旅游商品的数据，控制仓库与商品配送。

(2)仓库网络。精确的旅游商品库存就是根据海上丝绸之路旅游电子商务市场需求按订单生产，满足市场和消费者需求，精确掌握旅游商品的分销渠道、价格、库存数量、生产日期等一些基本信息，利用IT技术准确掌握旅游商品的流向等信息，通过互联网及时做出调整，提高海上丝绸之路旅游企业的运营效率，提高市场竞争力。主要由条码技术和RFID系统组成。建立立体仓库的海上丝绸之路旅游电子商务管理系统，采用固定式条码阅读器自动识别旅游商品入库或出库时运输系统上通过的托盘标号，上传到海上丝绸之路旅游电子商务系统，经确认后由系统指挥，将托盘上的货物送入或送出相应的库位。同时将RFID系统用于海上丝绸之路旅游电子商务中智能仓库货物管理，有效解决旅游商品仓库里与货物流动有关的信息管理。射频标签贴在旅游商品所要通过的路口或库门，读写器和天线放在旅游商品仓库搬运车上，每个旅游商品贴上条码并储存在海上丝绸之路旅游电子商务系统里。当旅游商品被装走运往别处时，由另一读写器识别并告知该旅游商品被放在哪辆货车上。这样，海上丝绸之路旅游电子商务系统管理中心可以实时地了解到库存多少和销售了多少，确定旅游商品的位置。

(3)配送中心网络。在海上丝绸之路旅游电子商务的配送环节采用EPC技术（Electronic Product Code，产品电子代码）和连续补货系统，如果到达配送中心的所有商品都贴有EPC标签，在进入海上丝绸之路旅游商务配送中心时，装在门上的读写器就会读取托盘上所有货箱上的标签内容，并存入海上丝绸之路旅游电子商务数据库。海上丝绸之路旅游电子商务系统将这些信息与发货记录进行核对，以检测出可能的错误，然后将EPC标签更新为最新的海上丝绸之路旅游商品存放地点和状态。这样，就确保了海上丝绸之路旅游电子商务进行精确的库存控制，甚至可确切了解目前有多少货处于转运途中、转运的始发地和目的地，以及预期的到达时间等信息。利用连续补货系统，海上丝绸之路旅游电子商务工作人员不用花很长时间就可以自动对货物多少识别，并且海上丝绸之路旅游电子商务系统自动更新记录，当库存中的商品缺少时，智能补货系统给海上丝绸之路旅游商品生产基地发送订单，生产基地供应商向配送中心补货。

2. 支付

在支付环节中，基于物联网的海上丝绸之路旅游电子商务支付有很多优点和发展空间。物联网技术的应用提高了海上丝绸之路旅游电子商务的支付安全性和便捷性，降低了黑客和钓鱼类网站非法交易发生的频率。这里主要探讨移动支付的实现。

（1）物联网掌上电脑支付

首先，掌上感知电脑是海上丝绸之路旅游电子商务旅游企业的一款个人移动智能终端，以轻便的平板电脑作为载体，内嵌RFID读卡支付模块，将海上丝绸之路旅游网上销售和智能卡支付完美融合，实现简单安全的支付应用模式。海上丝绸之路旅游电子商务的掌上电脑物联网支付解决方案将RFID读卡模块与平板电脑相结合，实现了海上丝绸之路旅游电子商务的用户不需要烦琐的网银支付，只需拥有一部轻便的掌上电脑，刷卡就能完成整个流程。

和网上支付工具支付宝、财付通等不同，海上丝绸之路旅游电子商务的物联网智能卡支付是将最新的物联网RFID非接触射频技术在海上丝绸之路旅游电子商务中进行创新应用，将海上丝绸之路旅游互联网购物和物联网支付结合在一起，以轻便的平板电脑作为载体，内嵌RFID读卡支付模块；通过技术手段实现了海上丝绸之路旅游电子商务的简单安全的智能卡支付应用模式。掌上电脑物联网支付解决方案里，海上丝绸之路旅游电子商务中所有资金划拨，均通过银行专用通道，避免了由于互联网的开放性所带来的安全风险；使用3DES算法，加密卡上海上丝绸之路旅游电子商务用户的所有数据和从移动设备到清算中心的数据传输，最大限度保证资金的安全。

海上丝绸之路旅游电子商务的物联网掌上电脑这种支付技术被绑定在轻便的掌上感知电脑终端上，内嵌海上丝绸之路旅游电子商务的RFID读卡支付模块，对应掌上电脑背面一个类似迷你公交卡大小的感应区，海上丝绸之路旅游电子商务消费者使用此终端产品购物，与传统的网上支付相比无须再进行繁复的支付操作，只需要在支付时将海上丝绸之路旅游电子商务一卡通在感应区附近轻轻拍下，就可以完成整个支付了。

（2）智能SD卡支付

现今手机已经成为人们生活中不可或缺的工具。海上丝绸之路旅游电子商务的手机移动支付工具让人们看到了移动支付新的希望。通过手机实现的海上丝绸之路旅游电子商务的移动支付方式，成为最接近海上丝绸之路旅游电子商务用户的日常使用习惯和消费习惯的移动支付方式，手机中的智能SD卡支付是其中一种。

海上丝绸之路旅游电子商务的智能SD卡移动支付在尽量避免改动手机主板和SIM卡的原则下，将RFID模块放置在智能存储卡中。这样做的优点在于不需要改动海上丝绸之路旅游电子商务用户的手机，海上丝绸之路旅游电子商务的支付功能可以随SD智能存储卡迁移至PC机平台或者其他移动终端平台上，大大提高支付的便捷性。海上丝绸之路旅游电子商务的智能SD卡移动支付是在SD智能存储卡上集成RFID功能，同时在存储卡上预留天线引脚，通过手机终端和移动网络连接POS机，智能SD卡在POS机上完成海上丝绸之路旅游电子商务支付。

第二节 基于物联网的 21 世纪海上丝绸之路旅游景区管理

物联网技术在海上丝绸之路旅游景区管理进行应用，可实时查看到海上丝绸之路旅游景区内的温度、湿度、土壤含水量等环境信息，并可通过3G手机或电脑，对海上丝绸之路旅游景区内各种设备进行远程监控、远程控制；利用物联网技术，结合全球眼实现海水水位、游客行为的视频监控，可全方位掌握雨情、水情、游客流信息，实时动态为及时预警、及时撤离提供技术支持；对旅游娱乐设施进行设备监控，实时掌握各项设施的运行状况和位置信息，达到旅游设备运行效率最大化，等等。物联网在海上丝绸之路旅游景区发展中的应用还远远不止这些，未来的海上丝绸之路旅游景区在物联网技术的支持下，将变得更加智能化、自动化、现代化。

基于物联网的海上丝绸之路旅游景区管理系统的架构

海上丝绸之路旅游景区管理系统的总体架构分为传感信息采集、视频监控、智能分析和远程控制四部分。如图所示：

基于物联网的海上丝绸之路旅游景区管理系统的总体架构

基于物联网的海上丝绸之路旅游景区管理系统的组成

海上丝绸之路旅游景区管理系统由海上丝绸之路旅游景区环境数据采集系统、视频采集系统、无线传输系统、控制系统和数据处理系统组成。如图所示：

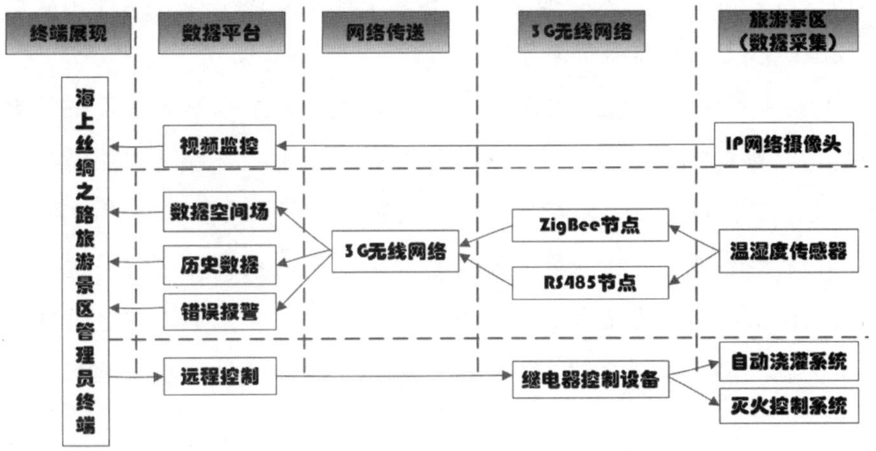

基于物联网的海上丝绸之路旅游景区管理系统的组成

（1）海上丝绸之路旅游景区环境数据采集系统。主要负责海上丝绸之路旅游景区内部光照、温度、湿度和土壤含水量以及视频等数据的采集和控制。海上丝绸之路旅游景区温度包括海上丝绸之路旅游景区空气温度、浅层土壤温度（土下2cm）、深层土壤温度（土下5cm）三种；海上丝绸之路旅游景区湿度主要包括海上丝绸之路旅游景区空气的湿度、浅层土壤含水量（土下2cm）、深层土壤含水量（土下5cm）三种。海上丝绸之路旅游景区环境数据采集系统中数据传感器的上传采用ZigBee和RS485两种模式。根据传输方式的不同，海上丝绸之路旅游景区环境数据采集系统的现场部署分为无线版和有线版两种。海上丝绸之路旅游景区环境数据采集系统的无线版采用ZigBee发送模块将传感器的数值传送到ZigBee节点上；海上丝绸之路旅游景区环境数据采集系统的有线版采用电缆方式将数据传送到RS485节点上。海上丝绸之路旅游景区环境数据采集系统的无线版具有部署灵活、扩展方便等优点；海上丝绸之路旅游景区环境数据采集系统的有线版具有高速部署、数据稳定等优点。

（2）海上丝绸之路旅游景区视频采集系统。该系统采用高精度网络摄像机和全球眼系统进行紧密融合，系统的清晰度和稳定性等参数须符合国内相关标准。

（3）海上丝绸之路旅游景区控制系统。该系统主要由控制设备和相应的继电器控制电路组成，通过继电器可以自由控制各种海上丝绸之路旅游景区设施设备，包括喷淋、滴灌、灭火等喷水系统和高空拓展训练器材、场地拓展设备、水上娱乐设施、水上拓展设备等游乐设备等。

（4）海上丝绸之路旅游景区无线传输系统。该系统主要将设备采集到的海上丝绸之路旅游景区数据，通过3G无线网络传送到海上丝绸之路旅游景区管理系统服务器上，在传输协议上支持IPv4互联网协议及下一代互联网IPv6协议。

（5）海上丝绸之路旅游景区数据处理系统。该系统负责对采集的海上丝绸之路旅游景区数据进行存储和信息处理，为海上丝绸之路旅游景区管理员提供分析和决策依据，海上丝绸之路旅游景区管理员可随时随地通过电脑和手机等终端进行查询。

21世纪海上丝绸之路旅游景区管理系统的网络拓扑

海上丝绸之路旅游景区管理系统在网络方面采取了多种制式，远程通信采用3G无线网络，近距离传输采取无线ZigBee模式和有线RS485模式相结合，保证网络系统的稳定运行。如图所示：

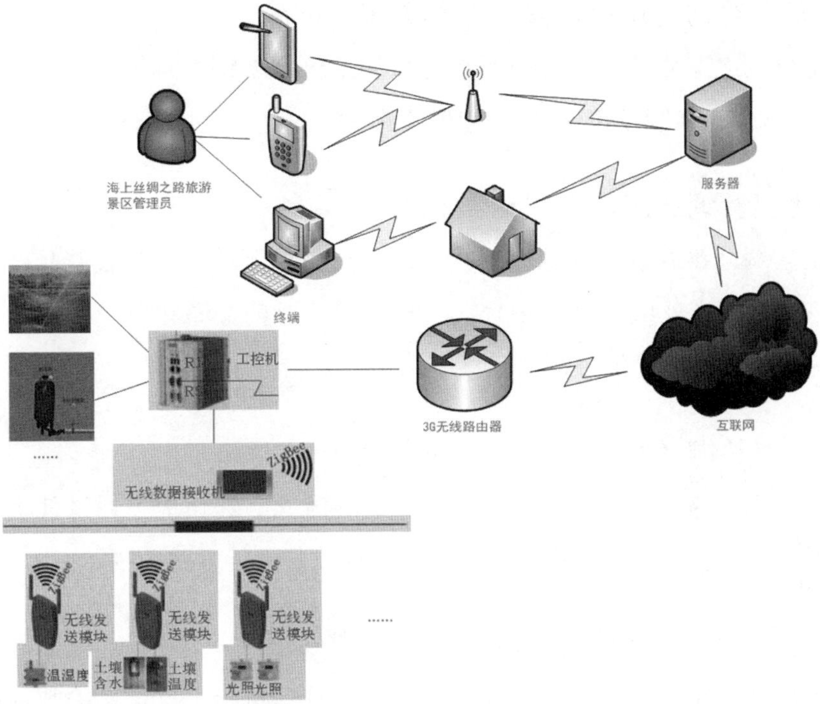

海上丝绸之路旅游景区管理系统网络的拓扑

基于物联网的21世纪海上丝绸之路旅游景区管理系统的主要功能

1. 海上丝绸之路旅游景区环境数据采集

海上丝绸之路旅游景区内温度、湿度、光照度、土壤含水量等数据通过有线或无线网络传递给海上丝绸之路旅游景区数据处理系统，如果传感器上报的参数超标，海上丝绸之路旅游景区管理系统出现阈值告警，并可以自动控制相关设备进行智能调节。

2. 海上丝绸之路旅游景区视频监控

景区管理员随时随地通过3G手机或电脑可以观看到海上丝绸之路旅游景区内的实际影像，对海上丝绸之路旅游景区实时游客数量、游客分布、游客行为进行远程监控。

3. 海上丝绸之路旅游景区数据存储

海上丝绸之路旅游景区管理系统可对海上丝绸之路旅游景区历史数据进行存储，形成知识库，以备随时进行处理和查询。

4. 海上丝绸之路旅游景区数据分析

海上丝绸之路旅游景区管理系统将采集到的海上丝绸之路旅游景区数据通过直观的形式向海上丝绸之路旅游景区管理员展示时间分布状况（折线图）和空间分布状况（场图），提供日报、月报等历史报表。

5. 海上丝绸之路旅游景区设备远程控制

海上丝绸之路旅游景区设备管理员在任何时间、任何地点通过任意能上网终端，均可实现对海上丝绸之路旅游景区内各种设备进行远程控制。

6. 海上丝绸之路旅游景区管理系统错误报警

海上丝绸之路旅游景区管理系统允许景区管理员制定自定义的数据范围，超出范围的错误情况会在海上丝绸之路旅游景区管理系统中进行标注，以达到报警的目的。

7. 海上丝绸之路旅游景区管理系统统一认证

海上丝绸之路旅游景区管理系统实现统一认证、集中管理控制，包括海上丝绸之路旅游景区管理景区管理员管理、海上丝绸之路旅游景区设备管理、海上丝绸之路旅游景区管理系统认证管理、权限管理等功能。

8. 海上丝绸之路旅游景区管理系统手机监控

3G手机可以实现与电脑终端同样的功能，实时查看各种由海上丝绸之路旅游景区传感器传来的数据，并能调节海上丝绸之路旅游景区内喷淋、滴灌、灭火等各种设备。如图所示：

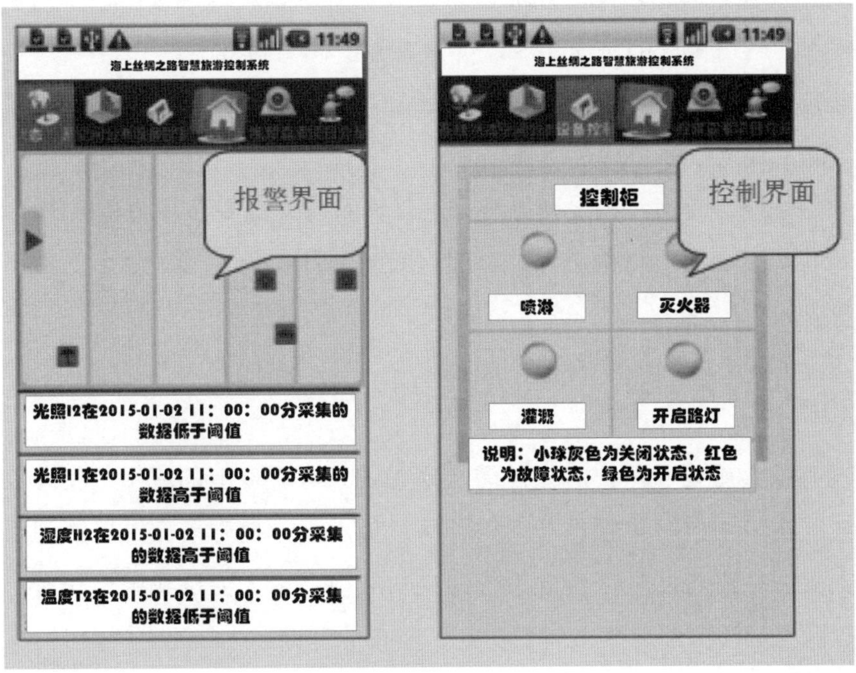

手机监控界面

基于物联网的海上丝绸之路旅游景区管理系统的特点

1. 涉及技术门类多。海上丝绸之路旅游景区管理系统融合了3G、HTTP、宽带、物联网、传感器等前沿技术，具备开展海上丝绸之路旅游景区管理商业运营的能力。

2. 可扩展性强。管理控制与媒体流分离的架构设计，消除海上丝绸之路旅游景区管理系统平台形成瓶颈的缺陷，使得海上丝绸之路旅游景区管理系统能够支持大容量部署。

3. 可靠性高。海上丝绸之路旅游景区管理系统从硬件到软件实现冗余设计，无单点故障，提高系统的可靠性。

4. 安全性好。海上丝绸之路旅游景区管理系统具有完整的端到端鉴权、加密体系以及海上丝绸之路旅游景区管理员行为的审计记录功能，最大限度地保证海上丝绸之路旅游监控网络和海上丝绸之路旅游景区管理员使用安全。

5. 兼容性强。海上丝绸之路旅游景区管理系统采用国际标准，专门设计了多种终端接入和网络协议的协商功能，可以兼容多种编码格式。

6. 超准确性。海上丝绸之路旅游景区管理系统对于关键的控制部分采用先进的控制算法，保证了系统的准确性。

7. 通用性好。海上丝绸之路旅游景区管理系统支持多种终端和操作系统。

8. 计费灵活。海上丝绸之路旅游景区管理系统具有完善的后台支撑系统和灵活的计费方式。

社会效益

通过有效实施物联网在海上丝绸之路旅游景区管理上的应用，使海上丝绸之路旅游景区实现了自动化管理，提高了信息化水平，提升了旅游资源利用率。同时，海上丝绸之路旅游景区管理系统的成功应用，也为促进我国传统海上丝绸之路旅游景区向管理产业化模式转变奠定了坚实的基础。

第三节　基于物联网的21世纪海上丝绸之路旅游安全

我国作为海上丝绸之路的发起国，海上丝绸之路旅游行业的健康发展至关重要，而物联网技术对海上丝绸之路旅游行业有着不可忽视的作用，它让海上丝绸之路旅游行业在技术的革新上产生了跨越式的发明和质的提高，使海上丝绸之路旅游行业取得了一个新的高度。将人、设备和环境相互融合，将海上丝绸之路旅游里各个组成部分相互融合，将海上丝绸之路旅游与物联网发展相融合，创造出安全、高效、智能的海上丝绸之路旅游。

海上丝绸之路旅游安全及其物联网应用

海上丝绸之路旅游安全隐患主要体现在以下几个方面：

1. 我国海上丝绸之路旅游95%左右是临近大海，存在大风、大雾等天气，游泳危险区域、高速摩托艇等可能会导致危险的因素，这些因素严重影响海上丝绸之路游客安全和旅游企业发展。

2.海岛交通不畅，有些海岛环境恶劣、道路复杂、潜在危险众多。

3.海上丝绸之路旅游在旅途过程中要用到多种交通工具，旅游企业对于多种交通工具的管理调度水平较低。

4.海上丝绸之路旅游车船定位主要以无线通信方式为主，但在海域附近信号接收不如陆地准确，定位精度较低。

5.海上丝绸之路旅游安全监测监控设备不完善，不能对海上海岛旅游景区状况进行有效、实时的检测。

6.海上丝绸之路旅游有些景区远离陆地，景区人员与陆地人员沟通不便，实时性低，且缺乏对游客的准确定位，在发生事故后，抢险救灾、安全救援效率低、效果差。

目前，在海上丝绸之路旅游安全中物联网应用包括：海上丝绸之路旅游人员的准确定位、自动识别与培训监管；海上丝绸之路旅游信息物联网编码、传输；海上丝绸之路旅游产品产、运、销、用全程监管；海上丝绸之路旅游景区地质勘探、施工、设计、安全管理、监测监控、信息管理等。

基于物联网的海上丝绸之路旅游安全系统的体系

海上丝绸之路旅游安全系统体系可以采用物联网的二层分层结构（感知层网络层—应用层），在海上丝绸之路旅游景区通过各种传感器采集所需数据，然后通过各种网络数据传输线路将海上丝绸之路旅游景区信息传递到机房或调度室的服务器上，由应用层的功能软件对海上丝绸之路旅游景区信息进行调用、分析并显示出来。

感知层设备由大量感知环境、设施、人员等的传感器构成，例如：风速、风量、温度、危险品检测、可疑形迹监测、异常事件监测、客流速度监测等传感器。这些传感器在海上丝绸之路旅游景区构建了庞大的传感网络层。

网络层设备主要包括铺设在海上丝绸之路旅游景区地面的吉比特光环网及网络交换机设备、路由器、防火墙、服务器等，同时用无线覆盖的Wi-Fi网络，共同构建覆盖海上丝绸之路旅游景区的数据网络。

应用层是海上丝绸之路旅游景区综合信息化系统，包括综合安全信息系统、景区3dgis系统、视频监控系统、人员管理系统、景区应急指挥系统等。应用层软件提供各种通用的海上丝绸之路旅游数据接口，使各系统进行无缝链接，真正实现海上丝绸之路旅游景区各个环节的信息化和智慧化，从而优化旅游管理。

基于物联网在21世纪海上丝绸之路旅游安全前景展望

海上海岛旅游事故会带来巨大的生命和财产损失，使我们对海上丝绸之路旅游安全不得不关注。随着物联网的应用与发展以及海上丝绸之路旅游行业的普及，物联网使得海上丝绸之路旅游产品安全系数大幅提高，海上丝绸之路旅游管理更加智能化。

1.物联网是物物连接，对海上丝绸之路旅游行业也产生巨大的作用。

2.“感知旅游”通过全面感知，对海上丝绸之路旅游景区的人、设施、环境全面感知，并通过高速网络实现全覆盖，同时还将具有直观形象的应用，通过3dgis景区展示，来全面感知旅游景区。

第四节　基于物联网的海上丝绸之路旅游物流

物联网发展正推动着海上丝绸之路旅游物流的变革。随着物联网理念的引入、技术的提升、政策的支持，相信未来物联网将给海上丝绸之路旅游物流业带来革命性的变化，海上丝绸之路旅游物流将迎来大发展的时代。

21世纪海上丝绸之路旅游物流系统概况

海上丝绸之路旅游物流系统是在智能交通系统（Intelligent Transportation System，ITS）和相关信息技术的基础上，电子商务（Electronic Commerce，EC）化运作的海上丝绸之路旅游物流服务体系。它通过ITS和相关信息技术解决海上丝绸之路旅游物流作业的实时信息采集，并在一个集成的环境下对采集的信息进行分析和处理，通过在各个旅游物流环节中的信息传输，为海上丝绸之路旅游物流服务提供商和客户提供详尽的信息和咨询服务。希望实现以下两个目标：①对海上丝绸之路旅游物流企业本身进行过程重组（Business Process Re-Engineering，BPR），使传统旅游物流企业的管理和业务流程得到根本性的改造，从而使其能够在信息化社会中得以生存；②在海上丝绸之路旅游运营环境下，为旅游客户提供从前所不能提供的增值性旅游物流服务，这些增值性的旅游物流服务将增强旅游物流服务的便利性，加快反应速度和降低服务成本，延伸海上丝绸之路旅游企业在供应链中上下游的业务。至少包括如下技术：

集成化的海上丝绸之路旅游物流规划设计仿真技术（旅游物流规划设计的可视化技术）。

海上丝绸之路旅游物流实时跟踪技术。

网络化分布式仓储管理及库存控制技术。

海上丝绸之路旅游物流运输系统的调度与优化技术。

海上丝绸之路旅游物流基础数据管理平台和软件集成技术。

物联网应用于21世纪海上丝绸之路智慧旅游的必然性

将物联网应用于海上丝绸之路旅游物流中会经历三个阶段：启蒙阶段、起步发展与探索阶段、理念提升阶段。

物联网应用于海上丝绸之路智慧旅游的前两个阶段主要是沿着RFID/EPC和GPS/GIS两条技术路线不断探索的。而物联网应用于海上丝绸之路智慧旅游的第三个阶段则是质的飞跃，将逐渐形成三大技术核心：感知技术、网络通信技术和智能应用技术。

物联网在海上丝绸之路旅游物流中的应用和发展是具有必然性的，它表现为主观的可能性和客观的迫切性。

1.主观可能性

首先，在理论上，物联网具有推动海上丝绸之路旅游物流发展的能力；其次，物联网的三大技术核心已经有了初步发展，甚至有的技术已相当成熟，这为其在海上丝绸之路旅游物流中的应用奠定了技术支撑；最后，物联网在各个行业的物流领域的应用已有较多的实验研究或实践基础，如未来商店、智能配送、智能仓库、集装箱通关等领域，都在实践中运用了物联网技术。

总之，无论是在理论上、实验中还是初步的实践中，物联网在海上丝绸之路旅游物流领域中的应用已经初见雏形，并且有进一步发展的主观可能性。

2.客观迫切性

（1）推进物联网在海上丝绸之路旅游物流领域中应用是海上丝绸之路旅游物流行业发展的需要。

（2）借助于物联网提高海上丝绸之路旅游物流服务水平，降低海上丝绸之路旅游物流成本，增强行业竞争力是海上丝绸之路旅游物流行业的迫切需求。

物联网技术在海上丝绸之路旅游物流领域发展趋势

未来物联网在海上丝绸之路旅游物流业的应用中将体现出如下五大趋势：

第一，统一标准，共享海上丝绸之路旅游物流的物联信息。建立统一的标准是物联网发展的趋势，更是海上丝绸之路旅游物流行业应用市场的需求。虽然海上丝绸之路旅游物流物联网局部应用是闭环的和独立的，没有必要实现全部的物品互联到一个统一的网络体系。但是，在海上丝绸之路旅游物流物联网基础层面，统一的标准平台是必需的，局部的物联网系统、物联局域网等都可以在统一的海上丝绸之路旅游物流物联网标准体系上建立。统一的物联网基础(编码)体系是海上丝绸之路旅游物流物联网运行的前提，只有在统一的体系基础上建立的物联网才真正能做到互联互通，做到海上丝绸之路旅游物流信息共享和智慧应用。

第二，互联互通，海上丝绸之路旅游物流物联网融入社会物联网。物联网是聚合型的系统创新，必将带来跨系统、跨行业的网络建设与应用。随着标签与传感器网络的普及，物与物的互联互通，将给海上丝绸之路旅游企业的旅游物流系统、生产系统、采购系统与销售系统的智能融合打下基础。由于社会物联网体系的开放，海上丝绸之路旅游物流行业部分局部的物联网应用会很快融入社会物联网。

第三，多种技术，海上丝绸之路旅游物流领域集成多种应用。目前，在海上丝绸之路旅游物流业应用较多的感知手段主要是RFID和GPS技术，今后随着海上丝绸之路旅游物流物联网技术的发展，传感技术、蓝牙、视频技术、M2M技术等多种技术也将逐步集成应用于现代海上丝绸之路旅游物流领域，用于旅游物流中的各种感知与操作。

第四，海上丝绸之路旅游物流领域将不断涌现出新模式。物联网是聚合、集成的创新理念，物联网带来的海上丝绸之路旅游物流革命将会涌现出许多创新的模式。

第五，“物”有智慧，实现智慧的海上丝绸之路旅游物流变革，让旅游物流中的物自己知道自己要到哪里去，自己应该存放在什么位置。

物联网在21世纪海上丝绸之路旅游物流中的应用范畴

随着物联网自身的发展，物联网在海上丝绸之路旅游物流领域中应用的方面也在不断扩展。

1.海上丝绸之路旅游物流供应链管理方面

目前，越来越多的海上丝绸之路旅游企业将旅游物流供应链管理作为提高自己经济效益的一个重要部分，而鉴于物联网强大的信息采集和共享的特性，物联网将减缓旅游物流供应链的“牛鞭效应”。

旅游物流供应链管理中，通过RFID、红外视频等感知技术可以实时获取物品当前的状态，然后通过物联网的网络层将信息传达给海上丝绸之路旅游商品销售商、生产商以及原料供应商，使海上丝绸之路旅游供应链上的各个环节具备信息快速获取的能力，增加其可供处理的时间。这种供应链的海上丝绸之路旅游物流信息化管理会提高客户需求预测的准确度，促使供应链上下游企业的密切合作，实现海上丝绸之路旅游业整体效益的提高，而不是利润的简单转移。

2.海上丝绸之路旅游物流配送中心方面

海上丝绸之路旅游物流配送中心可以利用物联网中的RFID等技术，根据海上丝绸之路旅游物流的需要将电子标签贴在货物、托盘或者周转箱上面，通过物品信息的实时记录、处理，再结合海上丝绸之路旅游物流物联网的智能处理系统，实现货物出入库、盘点、配送的一体化管理。

比如，贴有RFID标签的货物通过入库口时，读写器将自动读取货物信息，并将信息通过网络传送到海上丝绸之路旅游物流数据库与订单进行对比，清点无误便可入库，海上丝绸之路旅游物流系统的信息库随之更新。在海上丝绸之路旅游物流配送过程中，海上丝绸之路旅游物流智能软件系统根据客户需求自动安排货物出库计划，海上丝绸之路旅游物流的出库过程与入库相似。在平时的盘点过程中，可以用固定或者手持读写器进行自动扫描，大大提高工作效率。

当然，可以将海上丝绸之路旅游物流物联网中的智能终端设备，如智能码垛机器人、无人搬运小车等与操作软件相结合，进一步提高海上丝绸之路旅游物流中心的智能化程度。

3. 海上丝绸之路旅游物流可视化管理方面

目前，物联网的GPS/GIS技术、RFID技术、传感器网络技术在海上丝绸之路旅游物流中初步应用后，便可以实时了解关注对象的位置与状态，建立可视化的智能系统。

比如，现在的海上丝绸之路旅游物流运输系统积极应用物联网技术，已经在某种程度上实现可视化。通过在运输路线上布置一些网络节点，当装有相应标签或传感器等设备的海上丝绸之路旅游物流货车经过时，便可获知其运输的路线、时间、货物等相关信息，使海上丝绸之路旅游物流后台管理者实现可视化管理。

4. 海上丝绸之路旅游物流可追溯管理方面

应用物联网建立可追溯的海上丝绸之路旅游物流智能系统，主要是为了实现在海上丝绸之路旅游物流过程中的质量管理和责任追究的功能。比如，将物联网中的视频技术镶嵌在海上丝绸之路旅游物流仓库中，不仅能够实时监控货物的出入库过程，而且可以事后进行查询。通过货物追溯体系可以实现货物质量、效率等方面的海上丝绸之路旅游物流保障。

物联网在 21 世纪海上丝绸之路旅游物流中应用的主要技术

物联网在海上丝绸之路旅游物流中应用的主要技术可根据具体系架构划分为三大技术体系：一是海上丝绸之路旅游物流感知技术体系；二是网络通信技术体系；三是海上丝绸之路旅游物流智能技术体系。下面将根据物联网在海上丝绸之路旅游物流中的具体应用环境进行描述。

1. 海上丝绸之路旅游物流中的物联网感知技术

海上丝绸之路旅游物流行业常用的物联网感知技术主要有RFID技术、GPS/GIS技术、传感器技术、视频识别技术、激光技术、红外技术、蓝牙技术以及视频技术等。

根据在海上丝绸之路旅游物流中不同的应用范围及目的，必须针对性地采取不同的感知技术，具体分类如表所示：

感知技术在海上丝绸之路旅游物流中的应用分类

序号	在海上丝绸之路旅游物流中的应用范围及目的	感知技术
1	对旅游物流中的“物”进行识别、追溯	RFID技术、条码技术等
2	对旅游物流中的“物”进行分类、拣选、计数	RFID技术、激光技术、红外技术、条码技术等
3	对旅游物流中的“物”进行定位、追踪	GPS卫星定位技术、GIS地理信息系统技术、RFID技术、车载视频技术等
4	对旅游物流中的“物”进行监控	视频识别技术、RFID技术、GPS技术等
5	对旅游物流中的物品，尤其是特殊物品的性能及状态进行感知与识别	传感器技术、RFID技术与GPS技术等

下面以RFID技术为例，简单阐述它在海上丝绸之路旅游物流领域的应用。

RFID技术是物联网最基本和目前应用最广泛的技术。在海上丝绸之路旅游物流领域，RFID技术主要应用于海上丝绸之路旅游物流的仓库管理、配送中心管理、供应链管理、集装箱运输管理、停车场管理、货运车辆管理以及产品防伪等多个方面。

随着物联网发展力度的加大，RFID技术在海上丝绸之路旅游物流领域的应用无论是在广度上还是深度上都将进一步升级，主要体现在以下方面：

（1）RFID技术在海上丝绸之路旅游物流的智能追溯方面的应用将不断加深，通过RFID技术建立智能追溯体系，实时监控货物的信息以及状态，以便控制其质量。

（2）在海上丝绸之路旅游物流的供应链管理方面，通过RFID技术，可将信息锁定到具体的货物、托盘以及周转箱等，减缓海上丝绸之路旅游物流供应链上下游之间的信息获取时间的滞后程度。但是，RFID技术在海上丝绸之路旅游物流供应链管理上的推广需要整个供应链的共同支持，需要循序渐进。

（3）在海上丝绸之路旅游物流的仓库管理方面，利用RFID可以提高货物出入库以及盘点的效率和准确性，加快信息化的步伐。同样，可以将RFID的应用延伸到海上丝绸之路旅游物流企业的设备管理，通过RFID系统的追踪和定位，减少企业资产的损失。

总之，随着海上丝绸之路旅游物流信息化趋势的加剧，作为物联网基础技术的RFID技术在海上丝绸之路旅游物流领域的应用仍具有巨大的发展空间。

2.海上丝绸之路旅游物流中的物联网通信技术

海上丝绸之路旅游物流领域常采用的网络技术是局域网技术、无线局域网技术、现场总线技术、互联网技术和无线通信技术等，以实现“物”的互联互通。

同样地，根据不同的海上丝绸之路旅游物流应用范围，必须针对性地采取不同的技术，具体分类如表所示：

通信与网络技术的应用分类

序号	在海上丝绸之路旅游物流中的应用范围	通信与网络技术
1	区域范围内的海上丝绸之路旅游物流管理	局域网技术
2	不方便布线的地方	无线局域网技术
3	大范围的海上丝绸之路旅游物流运输管理与调度	互联网技术、GPS技术、GIS地理信息系统技术相结合，组建海上丝绸之路旅游物流货运车联网
4	以仓储为核心的海上丝绸之路旅游物流中心信息系统	现场总线技术、无线局域网技术、局域网技术等
5	网络通信方面	无线移动通信技术、3G技术、M2M技术、直接连接网络通信技术等

下面以WSN技术为例，简单阐述其在海上丝绸之路旅游物流领域的应用。

WSN技术在海上丝绸之路旅游物流领域中有很多应用，主要涉及货物管理、企业设备监测、仓库环境监测、运输车辆的跟踪与监测、冷链管理等方面。

3.海上丝绸之路旅游物流中的物联网智能技术

海上丝绸之路旅游物流领域中常采用的智能技术主要包括云计算技术、智能计算技术、智能调度技术、数据挖掘技术、专家系统技术和ERP技术等。

同样地，根据不同的海上丝绸之路旅游物流应用范围，必须针对性地采取不同的技术，具体分类如表所示：

智能技术的应用分类

序号	在海上丝绸之路旅游物流中的应用范围	智能技术
1	企业厂区的海上丝绸之路旅游物流物联网系统	ERP技术、自动控制技术、专家系统技术等
2	大范围的海上丝绸之路旅游物流运输系统	数据挖掘技术、智能调度技术、优化运筹技术等
3	以仓储为核心的海上丝绸之路旅游物流中心	自动控制技术、智能机器人技术、智能信息管理系统技术、移动计算技术、数据挖掘技术等
4	以海上丝绸之路旅游物流为核心的智能供应链综合系统、公共信息平台等领域	智能计算技术、云计算技术、数据挖掘技术、专家系统技术等

下面以智能机器人为例，简单阐述其在海上丝绸之路旅游物流领域的应用。

在海上丝绸之路旅游物流中，智能机器人主要有两种：一种是从事码垛作业的码垛机器人；另一种是从事无人搬运的自动搬运小车（AGV）。

智能机器人作为物联网智能终端的一个典型，在海上丝绸之路旅游物流系统将得到比较广泛的应用，在提高海上丝绸之路旅游物流效率、减少旅游物流成本和提高旅游物流自动化水平方面起到重要的推动作用。随着海上丝绸之路旅游物流信息化的加剧，智能机器人已经逐渐成为现代海上丝绸之路旅游物流系统的重要组成部分。

第三章

21 世纪海上丝绸之路与智慧旅游之大数据

海上丝绸之路旅游大数据分析相比于传统的数据仓库应用，具有数据量更大、查询分析更复杂等特点。海上丝绸之路旅游大数据的特点有四个层面：第一，海上丝绸之路旅游数据体量巨大。从TB级别，跃升到PB级别；第二，海上丝绸之路旅游数据类型繁多，包括网络日志、视频、图片、地理位置信息，等等；第三，海上丝绸之路旅游大数据挖掘处理速度快，1秒定律，可从各种类型的数据中快速获得高价值的信息，这一点也和传统的数据挖掘技术有着本质的不同；第四，只要合理利用海上丝绸之路旅游数据并对其进行正确、准确的分析，将会带来很高的价值回报。简言之，从各种各样类型的海上丝绸之路旅游数据中，快速获得有价值信息的能力，就是海上丝绸之路旅游大数据技术。明白这一点至关重要，也正是这一点促使该技术具备走向海上丝绸之路旅游企业的潜力。

未来十年，决定海上丝绸之路旅游是不是有大智慧的核心意义标准，就是游客满意度，通过大数据让旅游变得更方便、更有趣、更有意义。海上丝绸之路游客是有价值的。游客不认同的旅游产品，就卖不出去，就实现不了价值；只有游客认同的，才卖得出去，才实现得了价值。海上丝绸之路旅游大数据帮助我们从游客这个源头识别意义，从而帮助游客实现价值。这就是启动海上丝绸之路旅游内需的原理。随着具有语义网特征的数据基础设施和数据资源发展起来，海上丝绸之路旅游组织的变革就越来越显得不可避免。海上丝绸之路旅游大数据将推动网络结构产生无组织的组织力量。最先反映这种结构特点的，是各种各样去中心化的WEB2.0海上丝绸之路旅游应用，如博客等。海上丝绸之路旅游大数据之所以成为时代变革力量，在于它通过追随意义而获得智慧。

第一节　海上丝绸之路旅游大数据的需求与挑战

当前，数据是重要资产的观念已经在各个行业成为共识，随着海上丝绸之路旅游业务的载体与社交媒体、电子商务的融合越来越紧密，仅对原有15%的海上丝绸之路旅游结构化数据进行分析已经不能满足发展的需求，急需借助海上丝绸之路旅游大数据战略打破数据边界，囊括85%的大数据分析，来构建更为全面的海上丝绸之路旅游企业运营全景视图。

海上丝绸之路旅游行业大数据应用需求分析

1.海上丝绸之路旅游行业需要可扩展性开放架构做支撑

海上丝绸之路旅游大数据量必然要求海上丝绸之路旅游IT基础设施更易于海上丝绸之路旅游数据的整合与集中、扩展与伸缩，以及管理与维护，同时还必须具备良好的可靠性、可控性、安全性。因此，具备高扩展性的开放架构正逐步成为海上丝绸之路旅游行业应对大数据的优选方案。

2.大数据为海上丝绸之路旅游业务转型中加强风险管控、精细化管理、业务创新等将起到重要作用

首先，大数据能够加强风险的可审性和管理力度，支持海上丝绸之路旅游业务的精细化管理。当前海上丝绸之路旅游资源的市场化改革已经起步，旅游资源的市场化必然会对海上丝绸之路旅游业提出精细化管理的新要求；其次，大数据支持服务创新，能够更好地实现“以客户为中心”理念，通过对海上丝绸之路旅游客户消费行为模式进行分析(比如事件关联性分析)，提高客户转化率，开发出不同的海上丝绸之路旅游产品以满足不同客户的市场需求，实现差异化竞争。

3.在海上丝绸之路旅游高频交易、个人旅游贷款、精准营销等领域加速推进

目前大数据应用将在海上丝绸之路旅游业逐步推开，并将取得良好的效果，将形成一些较为典型的海上丝绸之路旅游业务类型，如高频交易、个性化旅游、精准营销等。

海上丝绸之路旅游高频交易的主要特点是实时性要求高和数据规模大。海上丝绸之路旅游景点成千上万，每天旅游景点至少8个小时的营业时间会产生数亿条以上逐笔成交数据，随着时间的积累数据规模非常可观。与一般日志数据不同的是，这些数据在海上丝绸之路旅游领域有较高的分析价值，海上丝绸之路旅游研究机构需要对历史和实时数据进行挖掘创新，以创造和改进数量化交易模型，并将之应用在基于计算机模型的实时旅游交易过程中。

海上丝绸之路个人旅游贷款是另一个大数据应用领域，海上丝绸之路旅游企业将推出一个专注于海上丝绸之路个人旅游的贷款计划，海上丝绸之路旅游企业

拥有大量游客信息，并汇集了他们详细的信用记录，利用互联网交易平台掌握海上丝绸之路旅游交易数据，通过大数据技术自动分析判定是否给予海上丝绸之路个人旅游贷款；而银行坐拥巨额资金，希望贷款给无银行信用记录但旅游交易信用良好的海上丝绸之路个人游客。

4. 在精准营销方面，各大海上丝绸之路旅游机构将纷纷开始行动

海上丝绸之路旅游企业将通过数据分析识别出海上丝绸之路旅游高价值客户经常出现在哪些景点场所后，通过“多倍积分累计”“积分店面兑换”等活动吸引优质客户；通过构建海上丝绸之路旅游客户流失预警模型，对流失率等级前20%的客户发售高价值旅游产品予以挽留，使得金卡和银卡客户流失率分别降低几个甚至几十个百分点；通过对客户交易记录进行分析，有效识别出潜在的海上丝绸之路个人旅游客户，并利用微平台和云平台实施交叉销售，取得良好成效。

海上丝绸之路旅游业大数据应用发展机遇与挑战

1. 海上丝绸之路旅游业务对数据的细分粒度要求不断增高，以满足海上丝绸之路旅游业务预测和交易影响评估的需求

海上丝绸之路旅游服务公司都希望能充分利用各种服务交付渠道，如分公司、网络、移动通信等海量客户数据，开发新的预测分析模型，实现对海上丝绸之路旅游客户消费行为模式进行分析，提高客户转化率。大量历史客户支付行为数据的信用风险预测模型将在海上丝绸之路个人旅游贷款催收中得到大量应用。通过该技术，银行可以通过对不同海上丝绸之路旅游客户违约和还款资料进行分析，对催收次序进行优化。

2. 行业监管与合规要求将推动海上丝绸之路旅游机构形成更深入和透明的数据分析需求

新的监管和合规要求将更强调治理和风险汇报，将推动海上丝绸之路旅游机构形成更深入和透明的数据分析需求。海上丝绸之路旅游机构不断完善自身的海上丝绸之路旅游企业风险管理框架，该基于大数据管理策略开发的框架可协助海上丝绸之路旅游企业提高风险透明度，加强风险的可审性和管理力度。

3. 对不同来源、不同标准的海上丝绸之路旅游数据进行处理、编索和整合方面的压力不断增大

随着以平板电脑和智能手机为代表的移动应用和互联网工具的迅速普及，海上丝绸之路旅游企业的基础设施和网络在对不同来源、不同标准的海上丝绸之路旅游数据进行处理、编索和整合方面的压力不断增大。大数据推动了对海上丝绸之路旅游数据处理算法的需求，提出对海上丝绸之路旅游数据安全和访问控制的重视，并可有效降低对现有系统的影响。大数据在存储和处理框架两方面的优势，将帮助海上丝绸之路旅游企业充分掌握业务数据的价值，降低业务成本并发掘新的套利机会。

4. 海上丝绸之路旅游信息安全和隐私保护问题

海上丝绸之路旅游领域对于数据安全以及游客隐私保护的需求高，客户的隐私、旅游企业的数据安全、产品安全等都尤其重要。最近几年，国内外曾屡次发生的上千万客户信息泄露的事件，也使得大数据安全成为萦绕在海上丝绸之路旅游机构管理者心头的阴影，这种阴影可能会成为阻碍大数据在海上丝绸之路旅游机构大规模铺开的一个重要原因。

5. 海上丝绸之路旅游业的人才问题

要想成为一个合格的海上丝绸之路旅游数据科学家，必须拥有大型数据收集方面的实践经验；熟悉数据发掘工具。同时还要对公司的海上丝绸之路旅游业务流程足够熟悉，能够清晰理解并规划以海上丝绸之路旅游业务优化为导向的大数据技术方案。从目前情况来看，这类人才还是很紧缺的。

第二节　基于大数据的海上丝绸之路旅游行业转型升级

整个海上丝绸之路旅游行业发展空间巨大。毫无疑问，“海上丝绸之路旅游大数据”创业的前景广阔，“看不见的数据，看得见的价值”正给新兴的通过海上丝绸之路旅游数据创业的公司带来不可估量的市场潜力。

“海上丝绸之路旅游大数据”时代的到来，充满了机遇与挑战，谁能够最快地习惯这种新形式下的数据模式，熟悉和掌握处理这种海上丝绸之路旅游数据处理方法，谁就会在之后的信息争夺战中占得先机，取得主动权。“海上丝绸之路旅游大数据”引领我们走向海上丝绸之路旅游数据智能化时代，“海上丝绸之路旅游大数据”时代将会智谋未来！得“海上丝绸之路旅游大数据”者得天下！中国的海上丝绸之路旅游行业应当在“大数据”浪潮里，迎头赶上，夺取胜利果实。

大数据对海上丝绸之路旅游业发展的意义

在海上丝绸之路旅游行业，坚持海上丝绸之路智慧旅游建设及“一带一路”的决策部署，对海上丝绸之路旅游数据的管理、共享及互操作提出了更高的要求。海上丝绸之路旅游行业面临着正在形成的大数据环境，为此，需要不断挖掘大数据环境下的业务数据处理的潜在需求，探索适应海上丝绸之路旅游数据的理论和方法，使得海上丝绸之路旅游信息系统的运维的外延向数据和运维的范畴进一步地拓展，以更好地适应海上丝绸之路旅游数据量的迅速增长、数据类型的多样化、数据时效性不断提高。

智慧旅游信息服务网络互联是海上丝绸之路旅游系统发展的客观规律，有必要加强研发大规模互联智慧旅游信息服务网络的安全稳定运行技术、先进可靠的互联智慧旅游信息共享网络与共用技术，及以海上丝绸之路旅游信息服务网络技术为主的分布式海上丝绸之路旅游系统。因此，采集、分析并有效应用“大数据”是解决海洋旅游事业关键业务的重要因素，可以实现向海上丝绸之路智慧旅游转型、改善分布式可再生旅游资源开发的游客流量预报与调度、提高旅游资源开发效率以及改变客户运营模式。

海上丝绸之路智慧旅游就是“大数据”这个概念在海上丝绸之路旅游行业中的应用，就是通过网络将用户的旅游习惯等信息传回给智慧旅游信息服务海上丝绸之路旅游企业的信息中心，进行分析处理，并对海上丝绸之路旅游信息服务网络规划、建设、服务等提供更可靠的依据。

在本质上，海上丝绸之路智慧旅游是“大数据”在海上丝绸之路旅游上的应用。在海上丝绸之路旅游行业，智慧旅游的迅速发展，使信息通信技术正以前所未有的广度、深度与旅游营销、企业管理快速融合，信息通信系统已经成为海上丝绸之路智慧旅游的“中枢神经”，支撑新一代旅游营销和管理发展。

“大数据”与海上丝绸之路旅游信息服务网络的融合可组成海上丝绸之路智慧旅游，涉及旅游资源开发到用户的整个旅游资源转换过程和海上丝绸之路旅游产业链，主要包括海上丝绸之路智慧旅游基础技术、大规模新旅游资源开发及规划技术、智能信息服务网络技术、智能互联智慧旅游信息共享网络技术及智能旅游技术等，是未来海上丝绸之路旅游信息服务网络的发展方向等。

海上丝绸之路旅游企业是不是符合“大数据”应用的海上丝绸之路旅游企业？享誉信息产业界多年的梅特卡夫定律指出，网络的价值与联网的用户数的平方成正比。随着海上丝绸之路旅游工业与信息化的深度融合，海上丝绸之路智慧旅游将承载海上丝绸之路旅游流、信息流和业务流，海上丝绸之路旅游信息服务网络和海上丝绸之路旅游信息通信网的用户将发生叠加，海上丝绸之路旅游信息服务网络的整体价值会跃升。这种价值的跃升将使海上丝绸之路旅游企业具有大数据的时代特征。海上丝绸之路旅游信息通信将突破海上丝绸之路旅游传统运维，产生更多的增值服务，甚至催生新的管理模式创新。海上丝绸之路旅游数据中心将被赋予更多的职能，比如强大的数据挖掘、数据分析和决策能力。海上丝绸之路旅游企业业务数据主要来自旅游资源开发数据和运营管理数据。海上丝绸之路旅游企业旅游资源开发数据既包括旅游资源开发量、旅游供给稳定性等实时采集的数据，也包括物联网、云计算、新旅游资源共享、移动互联、电动汽车充换电、车联网等技术带来的新数据业务。海上丝绸之路旅游企业运营管理数据，则包括旅游报价、旅游资源利用率、旅游客户、ERP、一体化平台、协同办公等方面的数据。如能充分利用这些基于海上丝绸之路的旅游资源开发、使用等实际数据，对其进行深入分析，便可以提供大量的高附加值海上丝绸之路旅游服务。这些增值服务将有利于海上丝绸之路旅游信息服务网络安全检测与控制，客户旅游行为分析与客户细分，海上丝绸之路旅游企业精细化运营管理等，实现更科学的海上丝绸之路旅游需求管理。数据、信息和知识的“按需分配、恒值供给、多次挖掘”将成为海上丝绸之路旅游新经济形态的不竭动力，而“大数据”技术和应用成为海上丝绸之路旅游决策的辅助系统。

“大数据”时代对海上丝绸之路旅游行业发展提出新的挑战，但也带来新的发展机遇。通过良好的海上丝绸之路旅游数据管理，并运用数据挖掘手段践行大数据战略，将切实提高海上丝绸之路旅游资源开发、营销，以及海上丝绸之路旅游信息服务网络运维等各方面旅游资源开发管理水平，为使中国海上丝绸之路旅游企业继续立于世界先进行列提供强大的信息技术支撑。

海上丝绸之路旅游业与社会发展和人民生活息息相关，是国民经济社会健康稳定持续发展的重要条件。积极应用“大数据”技术，推动中国海上丝绸之路旅游“大数据”事业健康发展，对实现中国海上丝绸之路旅游工业科学发展具有极大的现实意义。

完全可以预期，“大数据”技术在海上丝绸之路旅游行业中的应用研究，仅仅是开始。随着海上丝绸之路旅游行业的不断发展，“大数据技术”应用，将会不断扩展与深化。

借助大数据提升海上丝绸之路旅游行业“洞察力”

所谓“洞察力”，指的是人对任何特定情况做出预见的能力。在海上丝绸之路旅游企业管理上，“洞察力”更意味着管理者必须拥有以海上丝绸之路旅游数据为基础、深入观察分析，透过现象看本质，将理论应用到海上丝绸之路旅游业实际工作中的能力。随着海上丝绸之路旅游数据总量的持续增长和急速膨胀，“海上丝绸之路旅游大数据”时代已经来临，海上丝绸之路旅游、海洋旅游等旅游资源细分行业纷纷拉开了“大数据”开发应用的序幕。“海上丝绸之路旅游大数据”技术强调的是从海量的海上丝绸之路旅游数据中快速获取有价值信息的能力，如何从海量数据中高效获取有用数据，有效地深加工并最终得到有用的数据是旅游资源海上丝绸之路旅游企业涉足“大数据”的目的。“海上丝绸之路旅游大数据”是以大量的海上丝绸之路旅游资料为基础，以更加科学的方式，进行分析、洞察的创新能力。

实际上，进入“海上丝绸之路旅游大数据”时代，海上丝绸之路旅游企业正经历着规模化、多样化和高速化的数据挑战。越来越多的海上丝绸之路旅游管理者开始意识到，若无法对海量的海上丝绸之路旅游信息进行有效的分析处理，预测出潜在的海上丝绸之路旅游业务风险，便容易在竞争中处于劣势；若无法通过有效的沟通，确保洞察到的信息被较好地执行，则可能致使海上丝绸之路旅游企业商机的流失。

未来，海上丝绸之路旅游企业会依靠洞悉数据中的信息更加了解自己，也更加了解海上丝绸之路旅游客户。在这个瞬息万变的时代，面对各种随时可能发生变化的形势，海上丝绸之路旅游管理者不妨使用“以洞察获取先机、用沟通确保执行”的方式，制定各种应对战略，保证海上丝绸之路旅游业这艘“大船”平稳行驶，在不断的竞争中获得胜利。将最具竞争力的海上丝绸之路旅游企业与最不具竞争力的海上丝绸之路旅游企业相比，前者的员工受到更强洞察力的影响的比例是后者两倍，由此可见，强大的洞察力对海上丝绸之路旅游企业竞争优势起推动作用。

归根结底，“海上丝绸之路旅游大数据”的最终意义在于获得提升“洞察力”的能力和价值。移动互联时代，海上丝绸之路旅游数据已经被认为是宝贵资源，任何一家有雄心、渴望获取洞察力的海上丝绸之路旅游企业，都应及早制定“大数据”战略和方案。否则，所有的机会将被“数据鸿沟”所延宕。

借助大数据实现海上丝绸之路旅游数据准确预测

“大数据”的核心是更准确地预测海上丝绸之路旅游企业数据。在“海上丝绸之路旅游大数据”时代，数据与机器将在人类的日常决策中占有重要的地位。未来，人类必须学会如何和海量的海上丝绸之路旅游数据相处。从个体角度而言，人类需要学会如何平衡游客直觉与数字证据之间的关系；从海上丝绸之路旅游企业与组织角度而言，人类需要探索海上丝绸之路旅游企业组织架构和决策流程与数据之间的关系；从创新角度而言，人类需要探索如何打造合适的海上丝绸之路旅游产业环境，促进更多的创新的“大数据”应用的诞生。“海上丝绸之路旅游大数据”时代，海量的海上丝绸之路旅游数据处理与挖掘的技术固然十分重要，但是，更为重要的因素仍然是人。只有人，才能利用新技术与新方法创造性地搜集与探索海上丝绸之路旅游数据中隐含的意义；只有人，才能最大限度地发挥海上丝绸之路旅游数据的作用，在机器与数据的支持下更有效地作出决策。换句话说，“海上丝绸之路旅游大数据”的核心，是要求更准确地预测海上丝绸之路旅游数据。为了适应“海上丝绸之路旅游大数据”时代的来临，海上丝绸之路旅游企业需要从管理者的思维方式、海上丝绸之路旅游企业的组织架构和信息环境等多方面进行改变以与之相适应。

海上丝绸之路旅游大数据的应用，一方面是与宏观经济、人民生活、社会保障、景区附近交通的信息融合，促进经济社会发展；另一方面，是各个行业或海上丝绸之路旅游企业内部，跨专业、跨单位、跨部门的数据融合，提升海上丝绸之路旅游行业、企业管理水平和经济效益。

基于大数据实现海上丝绸之路旅游数据挖掘

海上丝绸之路旅游数据挖掘，又称为海上丝绸之路旅游知识发现(Knowledge Discovery)，是通过分析海上丝绸之路旅游数据，从大量数据中寻找其规律的技术。利用海上丝绸之路旅游大数据可对业务进行分析，加工成有用的数据，进而全面掌控海上丝绸之路旅游业务。对海上丝绸之路旅游行业来说，大数据是旅游企业深化应用、提升应用层次、强化集团管控的有力技术手段。随着海上丝绸之路旅游企业各类IT系统对业务流程的基本覆盖，采集到的海上丝绸之路旅游数据量迅速增长。海上丝绸之路旅游行业面临的问题不仅仅是收集和存储数据，而且是围绕海上丝绸之路旅游数据采用相应的定量和统计信息，挖掘更加有价值的信息。如海上丝绸之路旅游企业在海洋海岛等旅游景点的数据中心里，可以设成万上亿个传感器，它们及时采集数据，存储到云并进行分析和利用。

海上丝绸之路旅游数据挖掘是从海量实际的应用数据中，提取隐含在其中的、潜在有用信息和知识的过程，是一个海上丝绸之路旅游知识发现过程。整个过程分为海上丝绸之路旅游业务理解、数据理解、数据准备、建立挖掘模型、评估和部署六个步骤。即在开始海上丝绸之路旅游数据挖掘之前，我们必须了解海上丝绸之路旅游业务需求，根据需求明确挖掘主题、要求和最终目标；接下来便是对现有的海上丝绸之路旅游数据进行评估，并对原始数据进行组织、清理、集成、变换等一系列数据收集和预处理工作；在搞好海上丝绸之路旅游数据治理的基础上，便可应用数据挖掘算法和工具建立挖掘模型；之后对所建立的模型进行评估，重点具体考虑得出的结果是否符合最初的海上丝绸之路旅游业务目标；最后，便可将发现的结果以及过程利用各种可视化技术（报表、报告、图形等）呈现出来。

21 世纪海上丝绸之路旅游系统中大数据处理的优化

在海上丝绸之路旅游系统，即数据采集与监控系统的实际应用过程中，由于很多海上丝绸之路旅游应用的数据采集点很多，同时由于应用方面的实际需要，通常需要把采集的旅游数据保留很长一段时间，用于查询、分析和统计。另外，很多海上丝绸之路旅游数据的采集要求实时性较高，需要保持着较高的采集频率，从而，海上丝绸之路旅游数据库中的数据势必会越来越多，因此，在保证系统稳定与正常访问的前提下，将不可避免地面临着海上丝绸之路旅游大数据的处理问题。

如：海上丝绸之路旅游信息共享数据系统中有多个旅游景点，每个旅游景点有多达上百个数据采集点，包括了旅游热点、游客流量、旅游压力、旅游趋势以及其他多项海上丝绸之路旅游监测数据。针对此类问题，在不改变海上丝绸之路旅游数据采集周期、不增加硬件设备的情况下，通过优化数据结构和算法，完全可以达到提高海上丝绸之路旅游数据访问速度、提高系统运行效率的目的，可具体进行优化。

21 世纪海上丝绸之路旅游大数据推动个性化旅游

海上丝绸之路旅游企业对数据应用历史，原来数据是一种资料，到后来变成资源，到现在是一种价值。结合海上丝绸之路旅游企业的信息化，从管理角度来讲，应该是精细化管理，从旅游资源开发流程来讲应该产业升级。这两个都离不开海上丝绸之路旅游个性化和信息化支持，这里面最关键的是海上丝绸之路旅游数据。我们通过信息化来发展高级个性化的海上丝绸之路旅游服务，所以在海上丝绸之路旅游信息化中包含了个性化。为什么?就是因为有海上丝绸之路旅游大数据，有了数据的融合，所以才出现了海上丝绸之路旅游个性化。毫无疑问，海上丝绸之路旅游大数据创业的前景十分广阔，“看不见的数据，看得见的价值”正给新兴的通过海上丝绸之路旅游数据创业的公司带来难以估量的市场潜力。

大数据支撑 21 世纪海上丝绸之路智慧旅游建设

未来海上丝绸之路智慧旅游的建设将带来数据量的爆发式增长，“海上丝绸之路旅游大数据”将像血液一样遍布智慧规划、智慧营销、智慧管理等海上丝绸之路智慧旅游建设的各个方面，旅游管理正在从“经验治理”向“科学治理”转变。海上丝绸之路智慧旅游是否真正“智慧”源自“大数据”，如何挖掘海量的海上丝绸之路旅游数据的潜在价值并为旅游治理提供可靠决策和建议，成为海上丝绸之路智慧旅游建设的关键。中国必须抓住“大数据”时代的机遇，挖掘海量的海上丝绸之路旅游数据的潜在价值，进而推进海上丝绸之路智慧旅游建设。

结合海上丝绸之路智慧旅游对信息的需求，“大数据”在海上丝绸之路智慧旅游中的落脚点为海上丝绸之路智慧旅游的各个领域提供强大的决策支持。在海上丝绸之路旅游规划方面，通过对旅游地理、气象等自然信息和经济、社会、文化、人口等人文社会信息的挖掘，可以为海上丝绸之路旅游规划提供强大的决策支持，强化旅游管理服务的科学性和前瞻性。在海上丝绸之路旅游景区附近交通管理方面，通过对景区附近交通信息的实时挖掘，能有效缓解交通拥堵，并快速响应突发状况，为海上丝绸之路旅游景区附近交通的良性运转提供科学的决策依据。在海上丝绸之路旅游景区安防与防灾领域，通过大数据的挖掘，可以及时发现旅游景区人为或自然灾害、恐怖事件，提高应急处理能力和安全防范能力等。

“海上丝绸之路旅游大数据”价值的合理共享和利用将创造巨大财富。海上丝绸之路智慧旅游是海上丝绸之路旅游信息化进程的第二阶段，是旅游信息化的新高度，是现代旅游发展的愿景。海上丝绸之路智慧旅游在产生大数据的同时，“大数据”也支撑着海上丝绸之路智慧旅游的建设和发展。

第三节　大数据在21世纪海上丝绸之路旅游行业中的应用

海上丝绸之路旅游行业的大数据依然处于探索阶段，未来几年，无论是内部大数据应用还是外部大数据商业化都有很大的成长空间。但海上丝绸之路旅游行业大数据最大的障碍是数据孤岛效应严重，由于海上丝绸之路旅游运营商的区域化运营，海上丝绸之路旅游企业的数据分别存储在各地区分公司，甚至分公司不同业务的数据都有可能没打通。而互联网和大数据则是没有边界。海上丝绸之路旅游行业不但应着重搜集游客本身的年龄、性别、住址等信息，而且制作精细化的表格，要求游客办理业务填写更详细信息。对于海上丝绸之路旅游运营商，要真正地利用大数据，海上丝绸之路旅游数据的统一和整合是最为重要的一步。相信未来几年，在互联网企业的竞争压力下，海上丝绸之路旅游行业大数据将发展得更快，变革会更彻底。

大数据在海上丝绸之路旅游行业应用的总体情况

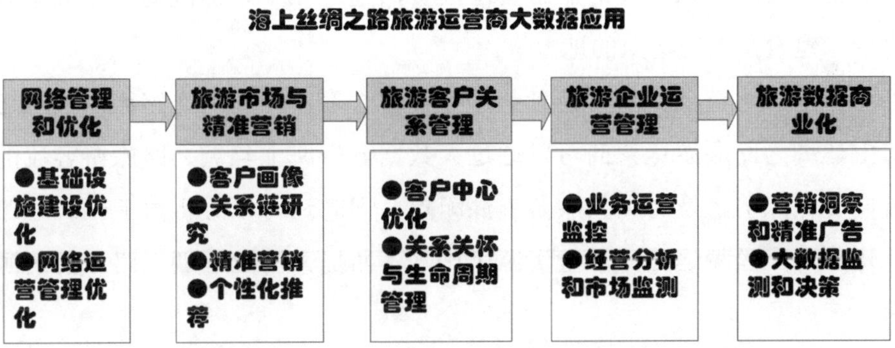

大数据在海上丝绸之路旅游行业应用示意图

海上丝绸之路旅游运营商拥有多年的数据积累，拥有诸如财务收入、业务发展量等海上丝绸之路旅游结构化数据，也会涉及图片、文本、音频、视频等非结构化数据。从数据来源看，海上丝绸之路旅游运营商的数据来自于涉及固网接入和无线上网等所有业务，也会涉及公众旅游客户、政企旅游客户和家庭旅游客户，同时也会收集到实体渠道、电子渠道等所有类型渠道的接触信息。整体来看，海上丝绸之路旅游运营商大数据发展仍处在探索阶段。

海上丝绸之路旅游运营商运用大数据之处主要有五方面：（1）海上丝绸之路旅游信息资源管理和优化，包括基础设施建设优化和运营管理和优化；（2）海上丝绸之路旅游市场与精准营销，包括客户画像、关系链研究、精准营销、实时营销和个性化推荐；（3）海上丝绸之路旅游客户关系管理，包括客服中心优化和客户生命周期管理；（4）海上丝绸之路旅游企业运营管理，包括业务运营监控和经营分析；（5）海上丝绸之路旅游数据商业化指数据对外商业化，单独盈利。

基于大数据的海上丝绸之路旅游资源管理和优化

基于大数据的海上丝绸之路旅游资源管理和优化，包括对海上丝绸之路旅游基础设施建设的优化和运营管理及优化。

1.海上丝绸之路旅游基础设施建设的优化。如利用大数据实现海上丝绸之路旅游景点和热点的选址以及旅游资源的分配。运营商可以通过分析游客的出游量在时间周期和位置特征方面的分布，对海上丝绸之路旅游的高出游量区域设计景点限流和热点限流；同时，运营商还可以建立评估模型，对已有景点的效率和成本进行评估，发现景点建设的旅游资源浪费问题，如某些地区为了完成景点建设指标将景点建设在人迹罕至的地方等。

2.海上丝绸之路旅游资源运营管理及优化。在海上丝绸之路旅游资源运营层面，海上丝绸之路旅游运营商可以通过大数据分析海上丝绸之路旅游客流的出游量、流向变化趋势，及时调整旅游资源配置，同时还可以分析海上丝绸之路旅游日志，进行海上丝绸之路旅游全资源优化，不断提升海上丝绸之路旅游资源质量和利用率。

利用大数据技术实时采集处理海上丝绸之路旅游数据，监控海上丝绸之路旅游资源状况，识别价值旅游景区和业务热点旅游景区，更精准地指导海上丝绸之路旅游资源优化，实现海上丝绸之路旅游资源、应用和游客的智能指配。由于游客群的不同，不同旅游景区对运营商的贡献也不同。运营商可以将旅游景区的数据进行多维度数据综合分析，通过对旅游景区VIP游客分布、收入分布，及相关的分布模型得到不同旅游景区的价值，再和海上丝绸之路旅游资源质量分析结合起来，两者叠加一起，就有可能发现某个旅游景区价值高，进而将海上丝绸之路旅游资源覆盖进一步提升，可以先设定海上丝绸之路旅游资源优化的优先级，提高投资效率。

海上丝绸之路旅游可以建立预测海上丝绸之路旅游资源里面的各区域旅游资源占用模型，根据预测结果，灵活地提前配置旅游资源，使得海上丝绸之路旅游资源的运行效率和利用率更高。

海上丝绸之路旅游通过分析可以发现某段海上丝绸之路旅游资源上的闲置率持续过高，借助大数据手段诊断出旅游资源闲置产生的原因，并根据分析结果优化海上丝绸之路旅游资源布局，为客户提供更好的体验，从而获得更多的客户以及业务增长。

基于大数据的海上丝绸之路旅游市场与精准营销

海上丝绸之路旅游市场与精准营销包括客户画像、关系链研究、精准营销、实时营销和个性化推荐。

1. 海上丝绸之路旅游客户画像。海上丝绸之路旅游运营商可以基于海上丝绸之路旅游客户终端信息、位置信息、旅游行为、手机上网行为轨迹等丰富的数据，为海上丝绸之路旅游的每个客户打上人口统计学特征、消费行为、上网行为和兴趣爱好标签，并借助海上丝绸之路旅游数据挖掘技术（如分类、聚类、RFM等）进行海上丝绸之路旅游客户分群，完善客户的 360 度画像，帮助海上丝绸之路旅游运营商深入了解海上丝绸之路旅游客户行为偏好和需求特征。

2. 海上丝绸之路旅游关系链研究。海上丝绸之路旅游运营商可以通过分析海上丝绸之路旅游客户通信录、旅游行为、社交行为以及客户资料等数据，开展海上丝绸之路旅游交往圈分析。尤其是利用各种联系记录形成海上丝绸之路旅游社交来丰富对游客的洞察，并进一步利用图挖掘的方法来发现各种海上丝绸之路旅游圈子，发现海上丝绸之路旅游圈子中的关键人员，以及识别家庭和政企旅游客户；或者分析海上丝绸之路旅游社交圈子寻找营销机会。如在一个行为同质化海上丝绸之路旅游圈子里面，如果这个海上丝绸之路旅游圈子大多数为高出游量游客，并在这个圈子中发现其他旅游资源的游客，我们可以推测该游客也是高出游量的情况，便可以通过营销的活动把其他旅游资源高出游量的游客引导到自己的海上丝绸之路旅游资源上，对其推广海上丝绸之路旅游热点套餐，提升营销转化率。总之，我们可以利用海上丝绸之路旅游社交圈子提高营销效率，改进服务，低成本扩大海上丝绸之路旅游产品的影响力。

3. 海上丝绸之路旅游精准营销和实时营销。海上丝绸之路旅游运营商在海上丝绸之路旅游客户画像的基础上对客户特征进行深入理解，并在推送渠道、推送时机、推送方式上满足客户的需求，实现精准营销。如我们可以利用大数据分析游客的旅游偏好和旅游消费能力，预测游客的出游时间尤其是节假日旅游时间，并捕捉游客最近的特征事件，从而预测游客购买旅游资源的真正需求，通过短信、邮件、微信等多种渠道推送相关的旅游营销信息到游客手中。

4. 海上丝绸之路旅游个性化推荐。利用海上丝绸之路旅游客户画像信息、客户终端信息、客户行为习惯偏好等，海上丝绸之路旅游运营商可以为海上丝绸之路旅游客户提供订制化的服务，优化产品、出游量套餐和定价机制，实现海上丝绸之路旅游个性化营销和服务，提升海上丝绸之路旅游客户体验与感知；或者在海上丝绸之路旅游应用商城实现个性化推荐，在海上丝绸之路旅游电商平台实现个性化推荐，在海上丝绸之路旅游社交推荐感兴趣的好友。

基于大数据的海上丝绸之路旅游客户关系管理

海上丝绸之路旅游客户关系管理包括海上丝绸之路旅游客服中心优化和海上丝绸之路旅游客户生命周期管理。

1. 海上丝绸之路旅游客服中心优化。海上丝绸之路旅游客服中心是海上丝绸之路旅游运营商和海上丝绸之路旅游客户接触较为频繁的通道，因此海上丝绸之路旅游客服中心拥有大量的海上丝绸之路旅游客户呼叫行为和需求数据。我们可以利用大数据技术深入分析海上丝绸之路旅游客服热线呼入客户的行为特征、选择路径、等候时长，并关联海上丝绸之路旅游客户历史接触信息、客户套餐消费情况、客户人口统计学特征、客户机型等数据，建立客服热线智能路径模型，预测下次海上丝绸之路旅游客户呼入的需求、投诉风险以及相应的路径和节点，这样便可缩短海上丝绸之路旅游客服呼入处理时间，识别投诉风险，有助于提升海上丝绸之路旅游客服满意度；另外，也可以通过语义分析，对海上丝绸之路旅游客服热线的问题进行分类，识别热点问题和客户情绪，对于发生量较大且严重的旅游问题，要及时预警相关旅游部门进行优化。

2. 海上丝绸之路旅游客户关怀与客户生命周期管理。海上丝绸之路旅游客户生命周期管理包括海上丝绸之路旅游新客户获取、客户成长、客户成熟、客户衰退和客户离开等五个阶段的管理。在海上丝绸之路旅游客户获取阶段，我们可以通过算法挖掘和发现海上丝绸之路旅游高潜客户；在海上丝绸之路旅游客户成长阶段，通过关联规则等算法进行交叉销售，提升海上丝绸之路旅游客户人均消费额；在海上丝绸之路旅游客户成熟期，可以通过大数据方法进行客户分群（RFM、聚类等）并进行精准推荐，同时对不同客户实施忠诚计划；在海上丝绸之路旅游客户衰退期，需要进行流失预警，提前发现海上丝绸之路旅游中高流失风险客户，并做相应的客户关怀；在海上丝绸之路旅游客户离开阶段，我们可以通过大数据挖掘高潜回流客户。海上丝绸之路旅游运营商在海上丝绸之路旅游客户生命周期管理方面应用的方案比较多，专门处理与大数据相关的业务，通过分析海上丝绸之路旅游游客的使用行为，在海上丝绸之路旅游游客做出离开决定之前，推出符合游客兴趣的业务，防止游客流失；通过集成数据综合分析客户流失的原因，预计一个季度内可以将流失率减半。

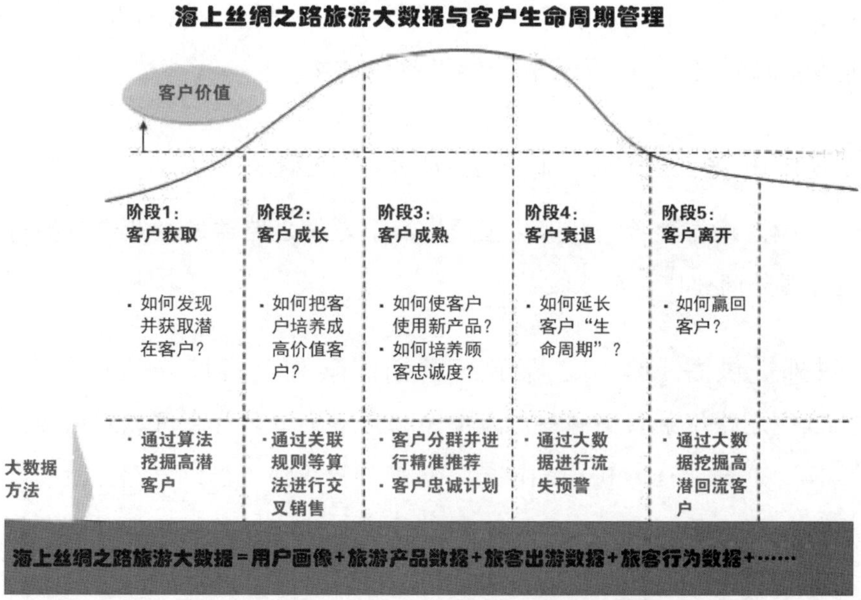

海上丝绸之路旅游大数据与客户生命周期管理示意图

基于大数据的海上丝绸之路旅游企业运营管理

海上丝绸之路旅游企业运营管理分为海上丝绸之路旅游业务运营监控和海上丝绸之路旅游经营分析。

1.海上丝绸之路旅游业务运营监控。我们可以基于大数据分析，从海上丝绸之路旅游资源、业务、游客和业务量、业务质量、终端等多个维度为海上丝绸之路旅游运营商监控管道和客户运营情况。构建灵活可订制的指标模块，构建海上丝绸之路旅游指标体系，以及海上丝绸之路旅游异动智能监控体系，从宏观到微观全方位、快速、准确地掌控海上丝绸之路旅游运营及异动原因。

2.海上丝绸之路旅游经营分析和市场监测。我们可以通过数据分析，对海上丝绸之路旅游业务和市场经营状况进行总结和分析，主要分为海上丝绸之路旅游经营日报、周报、月报、季报以及专题分析等。过去，这些海上丝绸之路旅游报告由海上丝绸之路旅游分析师来撰写的。在大数据时代，这些海上丝绸之路旅游经营报告和专题分析报告均可以自动化生成网页或者APP形式，通过机器来完成。海上丝绸之路旅游数据来源则是海上丝绸之路旅游企业内部的业务和游客数据，以及通过大数据手段采集的海上丝绸之路旅游外部社交数据、技术和市场数据。海上丝绸之路旅游分析师转变为海上丝绸之路旅游报告产品经理，制定报告框架、分析和统计维度，剩下的工作交给机器来完成。

基于大数据的海上丝绸之路旅游数据商业化

海上丝绸之路旅游数据商业化指通过海上丝绸之路旅游企业自身拥有的大数据资产进行对外商业化，获取收益。

1. 对外提供海上丝绸之路旅游营销洞察和精准广告投放

海上丝绸之路旅游营销洞察：海上丝绸之路旅游运营商可成立精准营销部门（Precision Marketing Division）。该部门提供海上丝绸之路旅游精准营销洞察（Precision Market Insights)，提供海上丝绸之路旅游商业数据分析服务。可以针对游客的来源地进行精确数据分析，得以了解游客对旅游景点的喜好等；海上丝绸之路旅游运营商也可利用大数据为海上丝绸之路旅游企业提供海上丝绸之路旅游消费者和市场洞察，包括海上丝绸之路旅游人口特征、行为特征以及季节性分析等方面。

海上丝绸之路旅游精准广告投放：海上丝绸之路旅游精准营销部门基于海上丝绸之路旅游营销洞察，还提供海上丝绸之路旅游精准广告投放服务；当游客距离旅游景区很近时，就有可能收到该旅游景区提供的折扣很大的电子优惠券。

2. 基于大数据的海上丝绸之路旅游监测和决策支撑服务

海上丝绸之路旅游客流和选址：海上丝绸之路旅游动态洞察部门DynamicInsights 开展大数据业务，为海上丝绸之路旅游企业提供数据分析打包服务。智慧足迹（Smart Steps）基于完全匿名和聚合的海上丝绸之路旅游移动数据，帮助海上丝绸之路旅游企业分析游客来源和各旅游景区、景点的人流情况以及旅游消费者特征和消费能力，并将洞察结果面向政企旅游机构提供海上丝绸之路旅游客流分析和景点选址服务。

海上丝绸之路旅游公共事业服务：海上丝绸之路旅游数据监测项目，每天都会产生几百万条记录，对这些记录进行分析就能为海上丝绸之路旅游企业提供准确及时的信息，有效提高旅游景区通畅率。

第四章

21 世纪海上丝绸之路与智慧旅游之数据挖掘

旅游数据挖掘引起了海上丝绸之路旅游产业界的极大关注，其主要原因是存在大量旅游数据，可以广泛使用，并且迫切需要将这些旅游数据转换成有用的信息和知识。获取的信息和知识可以广泛用于各种海上丝绸之路旅游应用，包括海上丝绸之路旅游商务管理、海上丝绸之路旅游市场分析、海上丝绸之路旅游产品设计等。海上丝绸之路旅游数据挖掘具有如下规律：海上丝绸之路旅游业务目标是所有海上丝绸之路旅游数据解决方案的源头；海上丝绸之路旅游业务知识是海上丝绸之路旅游数据挖掘过程每一步的核心；海上丝绸之路旅游数据预处理比海上丝绸之路旅游数据挖掘其他任何一个过程都重要；对于海上丝绸之路旅游数据挖掘者来说，天下没有免费的午餐，一个正确的模型只有通过试验才能被发现；海上丝绸之路旅游数据中总含有模式；海上丝绸之路旅游数据挖掘增大对海上丝绸之路旅游业务的认知；海上丝绸之路旅游预测提高了信息泛化能力；海上丝绸之路旅游数据挖掘的结果的价值不取决于模型的稳定性或预测的准确性；海上丝绸之路旅游的模式因旅游业务变化而变化。

第一节　旅游大数据挖掘于旅游行业的意义

其实以前就有多维度旅游数据的挖掘行为，自从计算机技术诞生之后，对旅游数据的利用和处理一直在同步发展中，但为何在这几年“旅游大数据”忽然大热？原因其实很简单——全球智能手机的普及。

随着移动终端信息处理能力的提升，与游客用户的交互界面不仅更加具备黏性，并且实现了全方位全时段互动，此时每个游客的移动终端实际上就变成了一个旅游数据记录仪。它比PC所能获取到的信息更加个性化，不仅暴露出这个游客的旅游细节、位置动向，同时也记录着他的旅游消费习惯，旅游企业第一次拥有了这么多旅游数据的生产者。每一个旅游数据都可以直接挂钩一份具体的旅游支出额度，每一个旅游数字都可以被货币量化，旅游大数据的商业价值与各个旅游企业的营收几乎都可以直接挂钩。所以，围绕“旅游大数据”来说故事迅速成为当下的主流。

国内对复杂旅游系统的研究，仍然处于概念大于应用的阶段，大部分行业对线性、封闭系统内的旅游数据关系都没办法掌握，更不用说将旅游大数据转化成有价值的信息。而在旅游行业，工业化体系处于刚刚起步的阶段，很多从业人士连基础旅游数据都看不明白，去理解旅游大数据的价值更是有些不可想象了。

旅游大数据技术作为一种工具，其应用方向，无非三个方面：一是对过去和曾经的旅游业务的理解；二是对以后和将来的旅游业务的认知；三是对当下旅游业务进行判断并进行实时处理。旅游行业旅游大数据技术的应用如果想要有长足的发展，那么在这三个方面都会面临着一些需要解决的问题。

基于大数据挖掘增进对过去和曾经的旅游业务的理解

既然是对已发生的旅游业务进行判断，就会涉及旅游数据采集，这个部分往往会引发争论，中心议题是：到底多大的旅游数据才叫大，GB还是TB，PB还是EB？

将旅游数据挖掘的范围放在社交媒体的范畴，那么通过对一个旅游产品推广过程的梳理，我们很容易通过旅游数据制定出一张细化到分钟的参考，以及游客会被什么样的旅游产品宣传内容所吸引，但是它仍然只是在描述表象。

如果观察只停留在旅游数据眼前，将无法找到最终旅游数据形成的因果。我们必须对推动旅游数据所对应现象发生的机制进行论证，那么我们该用什么样的旅游数据体量来储存和分析游客们的数据，从而找到游客经历和旅游产品之间的关系？

在这个方面，如果只用社交媒体的旅游数据进行相关性的分析，其实和我们日常所做的感性推导没有太大区别，甚至还不如感性推导灵活，很容易因为旅游数据的不够全面犯下“黑天鹅”式的错误（在发现澳大利亚之前，西方认为只有白天鹅）。必须追溯到成因阶段更庞大的外部旅游数据，比如主要游客群十年间的旅游消费偏好及社会经历，以及对他们旅游之前的心理活动进行统计分析。会不会太复杂？但是从旅游数据挖掘的角度来说，只有在这个方向上进行努力才可能会提供实质性的价值。

基于大数据挖掘增进对以后和将来的旅游业务的认知

旅游大数据技术虽然可以让游客对旅游数据所对应的现象的理解进行更深入的探究，但是当对旅游项目前景进行预测，首先需要面对的问题是，我们仍然处于一个游客群体持续波动的时期。

在旅游市场，贡献旅游消费的游客占游客总数的百分数越大，则游客群体结构就越稳定。旅游产品如今，对游客的监测从阶段性的调研逐渐转变成常态性的监控。在计算机还只是个神话的时期，旅游企业用“人工+信件”的形式，建立了最早的大范围游客研究模型，这些历史旅游数据通过几十年的积累，已经让一旅游产品个旅游产品与游客之间的联系变得非常透明。但即使是如此严谨的市场监控，近几年也因为受到移动互联的影响，游客消费旅游产品的行为随机性逐渐提高，导致传统的游客研究模型频频出现一些问题。

旅游产品市场目前的波动很难通过传统的技术手段完成监测，会因为存在有传统监测手段不可知的变量，而导致预测结果南辕北辙，这在统计学的回归分析上被称为“变量遗漏偏差”，旅游数据传统监测技术所能覆盖到的范围并不能帮我们解决这个问题。我们还需要时间来不断修正对旅游数据的理解，游客也需要时间来不断培养配合旅游数据采集的习惯。

从一些旅游公司的旅游大数据监测上来看，游客旅游消费行为的变化已经反馈在可以被抓取的旅游数据中，但是我们并不知道游客旅游消费行为的变化所形成影响究竟该如何定量。也就是说我们可以看到游客旅游消费行为的变化趋势，但是很难确定结果。

那么，在如今的旅游产品市场中，我们不如将大旅游数据技术的应用方向，从对未来的预知上转移到可以让我们规避哪些旅游业务操作上的错误上，或许更具有现实意义。

基于大数据挖掘增进对当下旅游业务的判断并进行实时处理

现在对旅游大数据的理解，往往会纠缠于第一个字“大”，而忽视了它的另外一个重要特征“细”，其实后者才是最重要的，因为它会创造旅游大数据真正的实用价值。

基于社交媒体的旅游大数据挖掘，其实已经可以做到让我们将游客的分类从简单的年龄、性别、职业等维度，落实到旅游区域、旅游活动空间以及性格特征等更为丰富的细节，在这样的基础上，我们要做的就是怎样给游客提供个性化的影响，而不再是以旅游产品为本位的共性宣传。

举例来说，当一名男性游客在某个媒介上看到旅游产品海报，可能是旅游娱乐项目，但一个女性游客同时接触这个媒介时，所看到的可能是旅游景区特色美食。旅游产品宣传片，同样的一分多钟，则被分成数个版本，用来对应每一个点击背后游客用户的个人资料。这样，游客便会加入到生产的过程中，通过对游客偏好的快速处理，最终创造更适合于传播的旅游产品信息。

目前，旅游数据调研公司参与旅游产品推广的过程，所做的仍然只是一个统计的工作，决策是在旅游公司，其实可以将决策机制与旅游数据同样进行细化，成为实时的互动，减少时间的损耗，提高旅游产品推广的效率。以前在旅游产品的推广中，常常会为如何照顾到大部分游客的兴趣而头疼，那么换一种思路，用现有的游客旅游数据进行群体的细分，给不同的游客群提供不一样的旅游产品信息，海纳百川比光芒四射或许更符合当下旅游产品社会化营销的要义。

第二节　旅游行业数据挖掘与游客忠诚度

高速发展的旅游行业给了广大游客无限的憧憬，关注旅游市场先机便是着眼旅游产业未来，游客关系的有效管理（特别是游客忠诚度管理），将会成为旅游企业乃至整个旅游产业链条都不得不去面对的现实挑战，同时也必将成为旅游产业的下一个热点话题。

旅游行业的游客关系管理现状

目前旅游行业对于游客关系管理领域涉足尚浅，在组织机构、人力资源、系统保证、流程制度、方法论等方面均储备不足，难以开展大规模的游客关系管理工作，也难以进一步保持和发掘既有游客的潜在价值。具体的表现如下：

组织结构松散：游客关系管理的责任存在于每一个游客接触点，而传统的旅游景区运营商市场部、销售部、旅游衍生服务部、网络部等单一部门都无法承接如此的重任；即使部分旅游景区运营商在旅游景区内部设置了多种流程制度，以期确保各个部门的协同作战，但往往囿于部门间的复杂利益纠纷而流于无声。

旅游经销商协同有限：旅游经销商是最重要的游客接触点，但旅游经销商和旅游景区运营商之间也存在着诸多的利益冲突，导致游客关系管理难以为继。一是双方的短期目标存在差异，导致旅游景区运营商的游客关怀活动在旅游经销商处受到一定程度的冷落；二是旅游经销商把销售返利看得过重，在游客满意度和游客信息方面做很多文章，导致旅游景区运营商层面信息的失真；三是旅游景区运营商的指导方法论缺乏价值含量，在旅游经销商处难以得到普遍认可，遑论大规模持续性的实施。

信息化管理缺失：旅游经销商管理系统（DMS）是旅游景区运营商和旅游经销商之间最重要的信息纽带，旅游景区运营商对其设计、运作和管理拥有绝对的主导权。大多数的DMS系统在设计之初，主要以旅游产品销售和旅游衍生服务功能为主，没有考虑到游客关系管理的内容，并且后期缺乏相关的二期开发。另外，信息化系统的不完善和管理的不到位，可能会导致旅游经销商在游客信息上作假行为严重，信息的完整性、真实性无法得到保证。最后，旅游景区运营商缺乏基于旅游数据整合的商业智能平台来高效地分析游客信息（尤其是游客行为信息）。

游客关怀体系亟待完善：旅游景区运营商可以采用游客会员俱乐部的形式来维系游客关系，但往往会流于形式，缺乏旅游数据化的管理，游客关怀活动雷同，且游客认知度和参与度较低。同时，如果由于错综复杂的利益纠葛，旅游景区运营商的游客会员俱乐部和旅游经销商的游客会员俱乐部不实现整合，游客关系层面的损失在所难免。

缺乏明确的方法论指引：游客关系管理的日常实施大都基于旅游项目及历史经验，缺乏长远的布局和思索，处于“操作型”的阶段；缺乏旅游商业智能、旅游数据挖掘等“分析型”工具的支撑，难以科学、精准、动态地调整游客关系管理的日常实施，难以形成具有旅游企业自身特色的游客关系管理方法论。

旅游行业游客忠诚度的两个基本面

较大多数行业而言，海上丝绸之路旅游消费属于“多变”消费的范畴，旅游消费频次高、旅游消费需求差异化明显，这些都注定了旅游行业并不能成为一个高客户忠诚度的行业。

在旅游行业的营销实践中，通过市场调研的方法来测量游客的忠诚度并不能解决实际的旅游营销应用问题，也无法对实际的旅游营销工作做出明确的指导。从功利主义的角度出发，我们感兴趣的游客忠诚度只有两个方面：旅游产品再购的忠诚度和旅游衍生服务的忠诚度。

旅游产品再购忠诚度指游客再购的旅游产品品牌忠诚度，从旅游景区运营商和旅游经销商的角度出发，希望游客的每一次旅游产品购买行为均最大限度地在本体系内完成，以期覆盖游客的全部旅游周期。当然这是一种偏理想的状态，游客的旅游产品再购行为动因复杂，有故地重游之需，也有携带亲朋好友来游之需，不一而足，因此旅游产品再购忠诚度只能针对部分再购概率较高的游客而言，由此也就引申出了旅游产品追加销售模型。

旅游衍生服务忠诚度，主要针对实地旅游过后游客的大规模旅游衍生服务流失状况，预测游客流失的倾向，同时针对不同的流失倾向采取不同的营销策略以期保持、挽留甚至挽回游客的模型。如果说旅游产品追加销售模型是旅游产品销售额导向模型的话，那么旅游衍生服务忠诚度模型就是利润导向模型。二者相得益彰，分别从旅游产品销售额和旅游衍生服务利润两个方面来最大限度地挖掘游客价值；同时，二者的适当拼接，可以构成游客价值模型的主题，以预测每个游客对旅游企业（包括旅游经销商）的实际价值贡献。囿于篇幅限制，下文仅以旅游衍生服务忠诚度模型的实施方法论来阐明建模和应用的过程，而旅游产品再购忠诚度模型的构建和应用方法亦可同样思考。

旅游衍生服务忠诚度的商业价值

旅游市场会经历旅游产品类型景区竞争时代、渠道发展时代、品牌建设时代，必将进入旅游产品精准营销时代和旅游衍生服务时代。目前很多旅游景区运营商已发现，过硬的旅游产品质量、突出的旅游产品营销水平和良好的旅游产品旅游衍生服务已经成为提高旅游消费者满意度和忠诚度的利器。旅游企业在保持和提高旅游产品市场占有率的同时，也开始关注旅游衍生服务市场的隐性争夺。

旅游衍生服务市场的业态相当复杂，既包括旅游景区运营商和旅游经销商体系提供的旅游旅游衍生服务景区特色商品快递、旅游婚礼承办等服务，也包括独立于旅游景区运营商体系之外的更多中小型旅游经销连锁机构提供的旅游衍生服务，甚至诸多的旅游相关产业也在觊觎这块大蛋糕（如旅途加油站、旅途饭店等也纷纷进入这一领域，并且提供更丰富的旅游衍生产品和旅游衍生服务）。

旅游衍生服务市场的商业价值不仅仅在于其庞大的旅游衍生市场规模，更在于其丰厚的利润回报。在旅游市场价值链中，旅游衍生服务的利润贡献将达到甚至超过50%，但目前还很低，旅游衍生服务市场尚有较大提升空间。

在旅游产品销售市场徘徊不前的大背景下，旅游衍生服务市场对旅游旅游景区运营商和旅游经销商显得尤为重要。而游客的旅游消费特点是，出于对旅游成本、旅游地域、旅游时间等方面的综合考虑，在实地旅游过后，他们往往不再选择购买该旅游景点的衍生服务旅游衍生服务。大量游客的流失，已经成为旅游旅游景区运营商和旅游经销商们无法回避的商业课题。如何测算旅游游客旅游衍生服务流失的倾向或概率，并基于游客的流失原因和方向，采取不同的针对性服务和营销策略，以期维系、挽留甚至挽回游客，正是旅游衍生服务忠诚度模型（或游客流失预警模型）的核心思想及其应用。

需要特殊说明的是，只能通过特定旅游景区或旅游经销商才能购买到的旅游衍生服务，例如旅游景区特色商品，在旅游景区之外买的大部分都是假货，普遍的旅游衍生服务流失率较低，即使出现流失也往往是旅游体系内流失，而非旅游体系外流失。而在游客居住地可以买到的旅游衍生服务，流失率较大，如果旅游景区运营商和旅游经销商不能在旅游衍生服务价格方面有所控制，那么再好的防范流失措施也是徒劳。

旅游衍生服务忠诚度模型的核心思想

旅游衍生服务忠诚度模型的核心思想是通过旅游数据挖掘的方法来测算每个游客的流失倾向，并结合一定的旅游数据分析、市场研究和市场营销策略，以期制订有效性强、可执行性高、营销ROI最大化的游客提升与保留方案。在这里，上述四项工作缺一不可，而旅游数据挖掘则是核心中的核心。以下一一说明：

通常来讲，旅游数据分析均指描述性统计分析，其目的是总结过去、了解现状，对游客信息进行盘点式分析，并了解当前游客的旅游衍生服务购买的旅游衍生服务消费习惯、游客流失及保有现状。如计算当前游客保有率、游客流失率等。对于保有的游客，还可细分为若干价值等级进行分析。通过对海量旅游数据的分析，可以帮助旅游企业在宏观上掌握自身的游客保持情况，为旅游衍生服务营销策略的制定，提供战略性参考依据。

而旅游数据挖掘则偏重于预测性统计分析，其目的是预测未来。游客的行为状态在不断变化，当前的活跃游客，很可能会在未来转化为流失游客，反之亦然。旅游数据挖掘模型可以根据游客过去和当前的行为特征，推断其未来流失的可能性。相较而言，旅游数据分析是宏观层面的统计，旅游数据挖掘则是微观意义的建模。通过旅游数据挖掘，模型可将游客细分为差异化的群体，如高流失游客群、稳定游客群、摇摆游客群等。若再结合游客价值的建模，可进一步将游客细分为高价值高流失游客群、低价值高流失游客群、低价值低流失游客群等。由此，旅游数据挖掘技术为旅游企业制定精细化、差异化旅游衍生服务营销策略提供了方向性的指引。

旅游衍生服务市场研究的目的是探究游客用户行为的深层次原因。通过旅游数据分析，企业可以掌握当前游客流失及保有的现状；通过建立旅游数据挖掘模型，企业可以获知未来游客流失状态。然而，这些现象的背后隐藏着怎样的深层次原因：游客为什么会流失，他们流失到哪里，等等。通过抽样调查和深访等市场研究手段，可以帮助旅游企业找寻答案，并为旅游企业制定更具吸引力、更迎合游客心理的旅游衍生服务营销策略内容提供参考依据。

基于对游客保留现状，游客未来流失可能性、游客行为动机三方面内容的掌握和了解，旅游企业便可进行旅游衍生服务的改进和服务模式的创新，并可针对不同的游客群体制定更具有针对性的旅游衍生服务精细化营销策略，并开展相关的旅游衍生服务营销活动。同时，旅游企业还可以开展长期的游客跟踪，评估不同旅游衍生服务营销活动的效果，以期更好地掌控游客状态，降低游客流失率。在一定的旅游衍生服务业务周期后，还可开展下一轮的游客保有及流失分析、模型调优、市场调研、营销策略调整等工作，实现真正的闭环式的游客关系管理流程。

旅游衍生服务忠诚度模型的构建方法

如上所述，旅游衍生服务忠诚度模型的核心是旅游数据挖掘部分，是针对未来的预测，在旅游行业中其建模的流程大体如下所述：

1. 关键定义

在建模之初，第一步也是最关键的一步便是：游客流失的定义。由于旅游品牌、旅游产品类型旅游产品类型的不同，旅游衍生服务政策和统计口径的差异，每个旅游景区运营商对于游客流失均有不同的理解。游客流失定义的原则应具有实际应具有意义，并且具有相关的旅游数据和信息做支持（旅游企业内部的信息化系统更迭和统计口径的变更都会对其产生影响）。定义游客流失的一般思路是：考察时间窗、旅游衍生服务内容、游客行为这三个维度的组合，例如游客在多长的时间内没有发生何项旅游衍生服务的旅游衍生服务行为。在对流失进行定义时，还须明确游客的流失是旅游品牌层面的流失（旅游体系外流失），还是旅游经销商层面的流失（旅游体系内流失），这两种流失的分析流程和计算结果都存在很大的差异。若旅游企业需要对旅游品牌层面的流失进行建模，则可一盘棋综合考虑，并建立统一的旅游衍生服务流失预测模型，或者为每个旅游子品牌分别建模，而旅游地域或旅游经销商的差异则体现在模型的细微调整中。若主要考虑旅游经销商层面的流失，理论上应该为每家旅游经销商建立一个模型，但这种建模方式成本巨大；出于成本的考虑，可在同一旅游区域或同一级别的旅游经销商中共用一个模型，但模型的精度会存在一定的损失，模型的精度和普适度很难两全。

在定义游客流失时，时间窗的选择也至关重要，通常会以考虑6个月、9个月或12个月作为参考（同时，这种时间窗可以是基于某个时点的静态时间窗，也可以是基于某种旅游衍生服务行为的动态时间窗）。同时，在确定时间窗时应充分考虑旅游数据质量、旅游产品类型特征、旅游景区运营商的旅游衍生服务政策等内容。时间窗的确定需要反复地计算和对比，以期确定最优的时间窗口。

2. 旅游数据准备

执行旅游数据挖掘工作，需要旅游企业准备历年的旅游衍生服务履历信息、旅游衍生服务收入信息、旅游产品销售信息、游客属性信息、旅游衍生服务经销商信息、旅游产品类型信息、旅游保险信息等多方面的旅游数据内容。对这些信息进行关联和整合（如清洗、集成、转化和归约等），可全面探索游客旅游衍生服务购买行为及规律，深入探寻影响游客行为关键因素。在这里，旅游数据的质量状况至关重要，所谓“垃圾入、垃圾出”，旅游数据的准确性、完备性、真实性会直接影响到分析和预测结果的正确性和可靠性。目前旅游企业整体旅游数据质量较差，在旅游数据准备阶段需要大量的旅游数据清洗和整合工作，因此旅游企业的IT部门或者业务系统的提供商，应对建模给予大力配合与支持。

3. 游客流失保有分析

旅游数据分析可帮助旅游企业多方位、多角度地了解游客的旅游衍生服务习惯、游客保有情况、游客流失情况。旅游数据分析的核心是关键绩效指标KPI（如游客年均旅游衍生服务购买次数、游客平均旅游衍生服务购买单价等）与维度（如区域、旅游产品类型年龄等）的交叉组合分析。从分析结果中，旅游企业可以总结出各区域、各旅游产品类型间的游客行为差异，以及游客旅游衍生服务购买习惯和游客流失保有情况随年龄的变化趋势等，帮助旅游企业了解游客的旅游衍生服务购买行为与企业的旅游衍生服务政策是吻合还是相悖。同时，旅游数据分析的结果也便于旅游数据挖掘游客员进行更好的商业理解，为建模做好准备，也可以辅助建模的结果，更好地指导营销工作。

4. 游客流失预测

通过旅游数据挖掘技术可预测游客的流失概率。首先要设计预测指标，预测指标的确定即依赖于对旅游数据的理解，又依赖对旅游行业的商业理解。预测指标可分为行为指标与属性指标两类，行为指标包括：旅游衍生服务次数、旅游衍生服务次数增长率、最后一次旅游衍生服务距今时间、最后一次旅游衍生服务费用等；而属性指标则包括：旅游产品类型、年龄、区域、旅游衍生服务经销商、上次旅游衍生服务经销商等。旅游数据挖掘模型的本质是构建预测指标与旅游衍生服务流失概率之间的关系，一般会选用旅游衍生服务流失预测决策树、旅游衍生服务流失预测逻辑回归、旅游衍生服务流失预测神经网络等旅游数据挖掘算法。旅游衍生服务流失预测决策树模型较其他模型更直观、更便于理解，一般经过旅游衍生服务流失预测模型反复的调整与评估，最终会选取6～10个关键性旅游衍生服务流失预测指标进行建模；同时，旅游衍生服务流失预测决策树所产生的旅游衍生服务流失预测模型结果便于系统化的展示，可以很方便地嵌入到旅游企业的商业智能系统中。若旅游衍生服务流失预测指标的逻辑化值偏多，则可以采用旅游衍生服务流失预测逻辑回归算法；若旅游企业旅游数据量庞大，且对旅游衍生服务流失预测模型的实时性要求较高，则可以采用旅游衍生服务流失预测神经网络等算法。总之，旅游衍生服务流失预测建模及其方法的选择完全依赖于实际的旅游衍生服务业务需求。

旅游衍生服务市场研究

基于旅游衍生服务流失预测分析和预测的结果，可以在具有差异性的游客群体中分别选取样本，设计相应的调研问卷和深访大纲并实施，以期进一步分析游客行为产生的原因并合理地解释模型的结果。如针对流失游客应侧重了解游客流失的原因是什么、流失的方向在哪里、游客对旅游衍生服务的评价、游客在什么条件下还会再选择旅游衍生服务等；而对保有游客可侧重了解游客对现阶段的旅游衍生服务是否满意、旅游衍生服务在哪些方面需要改进、游客以后还会不会选择旅游衍生服务等。通过市场研究的方法，还可以帮助旅游企业了解游客在选择旅游衍生服务地点时更关注什么（如专业性、费用、便利性、时效性，还有服务态度等），目前的旅游衍生服务中哪些流程和环节存在不足、旅游衍生服务的优势和劣势分别是什么，如赢回或挽留游客所需的改进措施，等等。总之，市场研究方法对旅游衍生服务流失预测模型是最好的补充手段。

营销策略制定

通过上述的一系列动作，企业可将游客细分为差异化的游客群体，并且获知每个游客群体的关注重点，由此可制定更具有针对性的旅游衍生服务营销策略。旅游衍生服务营销策略可以是旅游企业层面，比如适当的降价、相应的促销活动、提高旅游衍生服务操作的透明度、收费的透明性等；也可以是游客层面的，如高价值低流失的游客以预防为主的营销措施、高价值高流失的游客以挽留为主的营销措施、摇摆游客以维系为主的营销措施等。而相关的游客关系管理策略，如游客关爱活动、旅游衍生服务知识讲座、赠送礼品、在线问题解答、成立游客俱乐部等便有了很好的理论承载基础。

游客忠诚度的落地

游客云俱乐部是承载旅游游客关系管理的有效信息平台，它绝不是一次简单的游客探险活动策划，也不是简单的节日游客关怀，它更是一个信息平台、一个信息系统、一套行之有效的机制。旅游企业应该学习电信、旅游、航空甚至电子商务等行业的成功经验，建立自己的统一的游客云俱乐部：它可以融旅游景区运营商、旅游经销商和游客为一体，进行全面综合的管理；它可以集成和游客行为有关的一切信息资源并加以统一的分析和规划；它可以整合所有的游客接触点（如旅游企业的多媒体中心、旅游经销商的呼叫中心以及诸多的点对点游客营销通路），形成高效统一的游客用户界面；它可以将旅游企业的营销策略快速分发并有效管理，形成一盘棋的局面；它可以对游客的行为进行有效的积分和兑换管理，以期不断唤起游客的兴奋状态并把游客长久地保留在自己的旅游体系之内。最终，它应该实现旅游企业游客关系管理的常态化、体系化化、信息化、闭环化和精准化。

第三节　基于数据挖掘的游客流量预测

游客流量预测是旅游系统规划和运行调度的依据，也是旅游市场化商业运营所必需的基本内容。游客流量预测工作的关键在于收集大量的历史旅游数据，建立科学有效的游客流量预测模型，采用有效的算法，以历史旅游数据为基础，进行大量试验性研究，总结经验，不断修正游客流量预测模型和算法，以真正反映游客流量变化规律。

旅游数据挖掘的过程

旅游数据挖掘是指从旅游数据集合中自动抽取隐藏在旅游数据中的那些有用信息的非平凡过程，这些信息的表现形式为规则、概念、规律及模式等。它可帮助决策者分析历史旅游数据及当前旅游数据，并从中发现隐藏的关系和模式，进而预测未来可能发生的行为。旅游数据挖掘的过程也叫知识发现的过程，包括存储和处理旅游数据，选择处理大量旅游数据集的算法、解释结果，使结果可视化。整个过程中支持人机交互的模式。旅游数据挖掘从许多交叉学科中得到发展，并有很好的前景。这些学科包括旅游数据库技术、机器学习、人工智能、旅游模式识别、旅游统计学、模糊推理、专家系统、旅游数据可视化、旅游空间数据分析和高性能计算等。旅游数据挖掘综合以上领域的理论、算法和方法旅游。

挖掘旅游数据过程可以分为三个步骤:旅游数据预处理、模式发现、模式分析。

1. 旅游数据预处理。实际系统中的旅游数据一般都具有不完全性、冗余性和模糊性。因此，旅游数据挖掘一般不对原始旅游数据进行挖掘，要通过预处理提供准确、简洁的旅游数据。预处理主要完成以下工作：合并旅游数据，将多个文件或多个旅游数据库中的旅游数据进行合并处理；选择旅游数据，提取出适合分析的旅游数据集合；旅游数据清洗、过滤，剔除一些无关记录，将文件、图形、图像及多媒体等文件转换成可便于旅游数据挖掘的格式等。

2. 模式发现。模式发现阶段就是利用旅游数据挖掘算法挖掘出有效的、新颖的、潜在的、有用的以及最终可以理解的旅游信息和旅游知识。可用于Web的旅游数据挖掘技术有路径选择、关联分析、分类规则、聚类分析、序列分析、依赖性建模，等等。

3. 模式分析。模式分析是从模式发现阶段获得的旅游模式、旅游规则中过滤掉不感兴趣的旅游规则和旅游模式。通过技术手段，对得到的旅游模式进行旅游数据分析，得出有意义的结论。常用的技术手段有：旅游关联规则、旅游数据分类、旅游数据聚类、旅游序列模式等。

基于数据挖掘的游客流量预测过程

1. 调查和选择历史游客流量数据资料

多方面调查收集资料，包括旅游企业内部资料和外部资料，从众多的旅游数据资料中挑选出有用的一小部分，即把旅游数据资料浓缩到最小量。挑选旅游数据资料时的标准要直接、可靠并且是最新的旅游数据资料。如果旅游数据资料的收集和选择得不好，会直接影响游客流量预测的质量。通过建立计算机旅游数据管理系统，利用计算机软件系统来自动管理旅游数据。

2. 游客流量数据预处理

经过初步整理，还用于旅游数据分析的预处理，包括平滑异常值的历史旅游数据和异常旅游数据。把旅游数据分析之前和之后的两个时间的游客流量数据作为基准，来设置要处理的旅游数据时，要处理的旅游数据范围超时最大的旅游数据的处理水平范围时，它被认为是坏的旅游数据，使用平均法平滑变化；游客流量数据预处理中的旅游数据处理考虑其24小时的小循环，即，相同的时间、日期不同的游客流量应具有相似的数据，同时游客流量值应保持在一定范围内，对校正外的范围内的旅游数据进行处理。

3. 历史旅游数据资料的整理

一般来说，由于游客流量预测的质量不会超过所用旅游数据资料的质量，所以要对所收集的与游客流量有关的旅游数据统计资料进行审核和必要的加工整理，来保证旅游数据资料的质量，从而为保证游客流量预测质量打下基础，即要注意旅游数据资料的完整无缺，数字准确无误，反映的都是正常状态下的水平，旅游数据资料中没有异常，还要注意旅游数据资料的补缺，并对不可靠的旅游数据资料加以核实调整。通过建立旅游数据完整性、一致性约束模型，来建立海量旅游数据集，为后面的旅游数据挖掘做好充分的准备。

4. 建立游客流量预测模型

游客流量预测模型是统计旅游数据资料轨迹的概括，游客流量预测模型是多种多样的，因此，对于具体旅游数据资料要选择恰当的游客流量预测模型，这是游客流量预测过程中至关重要的一步。当由于游客流量模型选择不当而造成游客流量预测误差过大时，就需要改换游客流量模型，必要时，还可同时采用几种数学模型进行运算，以便对比、选择。

5. 选择算法

选择聚类法又称聚类分析法，它是对一组游客流量影响因素数据进行聚类的方法，聚类后的旅游数据即构成了一组分类。聚类的标准是以旅游数据的表象(旅游数据属性值)为依据的，聚类的工具是将一组旅游数据按表象而将相近的归并成类，最终形成若干个类，在类内旅游数据具有表象的相似性，而类间的旅游数据具有表象的相异性。聚类的算法也有很多，有遗传算法、划分法、层次法、基于密度方法、基于网格方法等。

CURE 算法在游客流量预测中的应用

CURE算法是一种分层聚类算法。典型的旅游数据点来表示一个具有固定数目的聚类，可以发现具有任何尺寸和形状的旅游数据聚类。同时，在一个旅游数据集群代表点的选择方式的中心“缩水”排除“旅游数据噪音”。

旅游数据样本聚类，可以分为两种方法：一个是所有样本旅游数据进行聚类，用这个方法主内存容量是远远不够的，系统无法扫描一次完成。我们使用所有的样本旅游数据被分成多个区域，对每个区域的旅游数据进行聚类，然后，针对每个分区，使用分层算法的聚类。

另一个是旅游数据记录、转换、传输、收集可能导致游客流量数据丢失或异常。异常旅游数据的生成是随机的，因此，在旅游数据库中的不确定性的分布，不同类型的异常旅游数据出现单独或在一个特定的时刻，或交叉混合发生在同一天连续，或在相同的连续天期的横分布，以及许多其他场合。异常旅游数据处理的关键影响游客流量预测结果的准确性。使用两种不同的技术，以删除异常。第一种技术是要删除的游客流量集群增长缓慢。当游客流量簇的数量低于某一阈值，将只包含一个或两个游客流量集群成员删除；第二种方法是在游客流量集群的最后阶段，对非常小的游客流量集群中删除。

最后对样本中的全部旅游数据进行聚类，为了保证可以在内存中处理，输入只包括各个分区独自游客流量聚类时发现的游客流量簇的代表性点，然后对磁盘上的整个旅游数据库进行聚类。旅游数据库中的旅游数据项被分配到与最近的游客流量代表性点表示的簇中。游客流量代表性点的集合必须足够小以适应主存的大小。

第四节　数据挖掘在21世纪海上丝绸之路旅游行业八大应用

数据挖掘在海上丝绸之路旅游行业的应用很多，下面只是列举其中典型的八大应用。旅游大数据只有通过数据挖掘才能得到大数据之中蕴含的知识，通过这种知识来指导海上丝绸之路旅游业务，避免了基于传统经验的旅游业务模式的不足，可以极大提高海上丝绸之路旅游业务的水平。

旅游贷款偿还预测和游客信用评价

旅游贷款偿还预测对银行业务相当重要。旅游贷款偿还风险相关的因素包括旅游贷款率、旅游贷款期限、负债率（月负债总额与月收入总额之比）、偿还与收入比率（paymcnt-to-income）、游客收入水平、受教育水平、居住信息、信用历史，等等。通过旅游数据挖掘预测手段，可以提早预测哪些游客用户有可能偿还违约，哪些游客用户曾经旅游贷款被拒，但是预测结果是低风险。

有很多因素会对旅游贷款偿还效能和游客信用等级计算产生不同程度的影响。旅游数据挖掘的方法，如特征选择和属性相关性计算，有助于识别重要的因素和非相关因素。例如，与旅游贷款偿还风险相关的因素，包括旅游贷款率、资款期限、负债率、偿还与收入(payment-to-income)比率、游客收入水平、受教育程度、居住地区、信用历史，等等。而其中偿还与收入比率是主导因素，受教育水平和负债率则不是。银行可以据此调整旅游贷款发放政策，以便将旅游贷款发放给那些曾被拒绝，但根据关键因素分析，其基本信息显示是相对低风险的申请者。

旅游业务关联分析

通过关联分析可找出旅游数据库中隐藏的关联网，旅游企业存储了大量的游客交易信息，可对游客的收入水平、旅游消费习惯、购买旅游产品等指标进行挖掘分析，找出游客的潜在需求；并对各个旅游产品进行交叉分析，找出关联性较强的旅游产品，从而对游客进行有针对性的旅游产品关联营销，提高旅游企业业绩。

游客市场细分

根据银行大量的游客资料以及游客存储款情况，利用有效的聚类或者协同过滤，将游客有效地划分为不同的组，使得具有相同旅游行为的游客分为一组，从而可以对每一组总结各自每个组的特点，对每个组开展有针对性的旅游营销活动。

此外，针对不同的游客类型(例如大游客类型，潜在价值高，但是忠诚度很难保持)设计出量体裁衣的旅游产品组合、沟通方式以及游客服务，从而达到提高游客忠诚度、实现关联旅游产品销售、最优化旅游产品定价、旅游产品直销、旅游产品再设计，以及渠道管理的目的。而这些目标的实现，致使游客管理总体成本降低，游客关系得以改善，最终成功实现旅游产品零售业务块利润率的提高。

游客价值分析

根据“二八原则”，找出重点游客，即对旅游企业创造80%价值的20%游客实施最优质的服务，通过对游客旅游产品的使用频率以及持续性等指标判断游客的忠诚度。

游客流失预警

根据游客属性特征、旅游贷款、旅游产品使用等旅游数据，运用旅游数据挖掘技术，找到流失游客的共同特征，从而针对具有相似特征的游客还未流失前，进行有针对性的弥补或者旅游产品营销活动，从而起到避免游客流失到其他旅游公司的作用，起到稳定本旅游企业游客的作用。

新游客开发以及新旅游产品推广

通过探索性的旅游数据挖掘方法，如自动探测聚类和购物篮分析，可以用来找出游客旅游数据库中的特征，预测对于旅游产品营销活动的响应率。那些被定为有利的特征可以与新的非游客群进行匹配，以增加旅游产品营销活动的效果。

旅游数据挖掘还可从旅游数据库存储的游客信息中，根据事先设定的标准找到符合条件的游客群，也可以把游客进行聚类分析让其自然分群，通过对游客的服务收入、风险、成本等相关因素的分析、预测和优化，找到新的可盈利目标游客。

其他决策支持

比如旅游产品营销活动预演，旅游产品收益以及效果评估，多维分析报告，等等。

第五章

21 世纪海上丝绸之路与智慧旅游之移动互联网

随着宽带无线接入技术和移动终端技术的飞速发展，海上丝绸之路游客迫切希望能够随时随地，乃至在移动过程中，都能方便地从互联网获取海上丝绸之路旅游信息和服务，旅游移动互联网应运而生并迅猛发展。然而，旅游移动互联网在移动终端、接入网络、应用服务、安全与隐私保护等方面还面临着一系列的挑战。海上丝绸之路旅游移动互联网有如下特征：如果一个海上丝绸之路旅游商品或一项海上丝绸之路旅游服务想要成功，在移动互联网时代，谁更加了解游客的需求，提供简单、精准的游客体验，将决定其爆炸能量的大小，必须从与游客发生第一点接触开始，越精确越好；海上丝绸之路游客可能只用过手机的简单功能，盈利模式的策略上，需要简单易懂的指引；海上丝绸之路旅游产品和这个产品的位置密切相关，这种集定位、搜索和精确数据库功能的海上丝绸之路旅游服务必定将手机提升到改变海上丝绸之路旅游的境界；海上丝绸之路旅游移动互联网的营销模型与传统营销最大的不同，就是直接让正确的游客为旅游企业说正确的话，冷冰冰的广告式旅游营销终将在这个时代里慢慢衰退。

第一节　基于移动互联网的 21 世纪海上丝绸之路旅游位置服务技术

TSoLoMo是当前移动互联网时代最具影响力的技术和产业形态，反映了面向海上丝绸之路旅游领域的旅游位置服务的主要特征。TSoLoMo具有巨大的旅游动员力和影响力。“旅游位置”已经不是“旅游位置服务”的唯一服务内容，旅游位置是当前感知游客环境的最有效因素，可以在一定程度上反映游客的身份、兴趣、学历、经历等。因此旅游定位传感(sensing)向基于位置的旅游感知(aware)发展是一个趋势。另外，旅游位置服务系统是一个具有旅游社会计算特征的众包(Crowdsourcing)系统。需要一种创意和兴趣模式，吸引游客大众参与，从而才能更好地为游客大众服务。

“TSoLoMo”一词本身很好地概括了海上丝绸之路旅游位置服务的特点。我们需要进一步理解，什么是海上丝绸之路旅游位置服务？海上丝绸之路旅游位置服务计算的特征是什么，“TravelSocial”“Local”和“Mobile”结合的源动力是什么，以及如何把握海上丝绸之路旅游位置服务的特点从事相关研究和应用开发。

海上丝绸之路旅游位置服务应用分类

海上丝绸之路旅游位置服务应用大致分为“旅游位置签到、旅游位置分享及基于位置的旅游旅游社交应用”“基于位置围栏(Geofence)的游客监控及消息通知服务”“旅游导航及优惠券集成服务”“基于位置的旅游娱乐应用”“基于位置的旅游电子商务应用”和“基于位置的游客环境上下文感知及信息服务”几类。当然，本文所列举的代表性海上丝绸之路旅游位置服务应用相互之间也在不断融合，其类型界限并不分明。

可以看出，这些海上丝绸之路旅游位置服务应用为游客信息增加了地理标记的维度，将线下海上丝绸之路旅游景区商家和线上游客位置/签到相结合，并在海上丝绸之路旅游位置服务中引入能吸引游客兴趣的游戏因素，形成竞争和激励机制，增加游客的活跃性和黏性。

另一方面，这些海上丝绸之路旅游应用通过广大游客的参与及位置信息的分享，能够使得后台的海上丝绸之路旅游数据处理机构获得旅游社会行为感知和分析的数据基础，从而为掌握游客群体行为，引导旅游发展都具有显著意义。这些海上丝绸之路旅游应用也共同构成了海上丝绸之路旅游位置服务网的业务层主体。

海上丝绸之路旅游位置服务的社会性

“TSoLoMo”的“TSo”体现了位置服务的旅游社会性。本文认为，位置服务中的“TSo”有三层含义：(1)指结合位置的旅游社交网络服务 (Travel Social Networking Services，TSNS)；(2)指位置服务计算中的旅游社会计算(Travel Social Computing)特征；(3)指位置服务所具有的旅游社会感知(Travel Socially Aware)计算发展方向。

1. 海上丝绸之路旅游社交网络与位置服务

旅游社会网络是一个具有较短平均路径长度和较高聚类系数(Clustering Coefficient)的旅游复杂网络。这类旅游网络具有高速传播的动力学特性。游客基于相同的兴趣爱好能够在旅游社会网络上形成明显的旅游团体现象。

以旅游社交网络服务在全球将累计海量的游客。旅游社交应用可以具备“旅游位置分享”“旅游位置签到”“旅游位置标志”等旅游位置服务的初级功能。

旅游社交网络与旅游位置服务发展到一定程度必然整合。首先，游客的位置可以反映游客的旅游社会属性，包括游客的经历以及其年龄、身份、兴趣爱好等，这些知识能够促进旅游社交的构成；其次，依附于位置的旅游兴趣点(Point of Interest，PoI)、旅游热点事件等形成了旅游社交的话题，丰富了旅游社交的内容；最后，“旅游位置”连接起了旅游虚拟空间与旅游现实空间，旅游景区促成旅游社交活动线上到线下 (Online to Offline，O2O)互动。

2. 海上丝绸之路旅游社会计算与位置服务

旅游经济和旅游社会行为往往构成一个复杂旅游系统。传统计算较为容易描述单一游客个体在单一时刻的行为，然而对于系统中游客个体间复杂的相互影响过程以及旅游系统表现出复杂行为，难以通过“硬计算”描述。由此，提出了旅游社会计算的概念。随着Web 2.0技术的发展，旅游社会标注(Travel Social Annotation)等计算形式已经在游客分类、旅游信息网络搜索等领域得到了广泛应用。

海上丝绸之路旅游位置服务具有鲜明的旅游社会计算特点。首先，旅游社会计算面向的是一个游客大众计算系统，而不是旅游专家计算系统。海上丝绸之路旅游位置服务同样如此；其次，海上丝绸之路旅游位置服务的提供者同时也是服务的对象。因此海上丝绸之路旅游位置服务具有旅游社会计算众包(Crowdsourcing)特性；最后，旅游社会计算主要用以处理一些难以定量描述的“软”计算。而海上丝绸之路旅游位置服务中“旅游兴趣点”“旅游热点”事件等关键因素都具有高度的旅游社会属性，非传统旅游计算模型能够刻画。

3. 基于位置的海上丝绸之路旅游感知

旅游感知计算指通过旅游景区部署的大规模多种类传感设备，实时感知识别游客个体的行为，分析挖掘旅游群体社会交互特征和规律，引导游客个体的旅游行为，支持旅游社群的互动、沟通和协作的一种技术。随着海上丝绸之路旅游位置服务内涵的不断扩展，定位技术向旅游位置感知发展成为趋势。

首先，以GPS为代表的位置传感器是当前分析游客活动，感知游客社会属性的最普遍、最现实的传感器。随着智能手机等设备的普及，基于位置的旅游感知具备了研究和应用的条件。分析不同文化背景游客的旅游经济状态、旅游节奏、旅游移动性、对旅游突发事件的反应研究；其次，基于位置的旅游感知获得的群体旅游社会交互特征和规律本身也是位置服务的内容。基于位置的旅游感知则是将地理位置向旅游位置(Location)延伸：一方面通过游客位置感知游客所在的旅游环境；另一方面通过挖掘地理位置背后的游客属性及其相互关联性，形成对游客的个性化服务基础。

海上丝绸之路旅游位置服务的本地性

“TSoLoMo”的“Lo”代表旅游位置服务本身。“Lo”包括三层含义：(1)指基于位置的旅游信息服务(Location Based Services，LBS)；(2)指发现网络信息中的旅游位置知识；(3)指位置服务中的旅游本地化(Local)倾向和特征。

1. 基于位置的海上丝绸之路旅游服务

LBS是一种通过移动设备的地理位置和移动网络而构成的旅游信息和旅游服务。LBS主要用以提供考虑到游客各自当前位置的网络信息。这些网络信息也涉及时间以及游客个人兴趣等方面。LBS的旅游服务反馈及旅游服务属性一定要依赖于请求服务的游客客户端或游客的位置。可以看出，海上丝绸之路旅游LBS至少涉及两层意思：（1）通过确定游客移动设备或游客所在的地理位置；（2）提供与游客位置相关的各类旅游信息服务。

海上丝绸之路旅游LBS不仅指传统的“旅游导航”信息服务。由于游客活动具有区域性特征，以“旅游位置”为内容的旅游导航服务往往只在游客处于相对陌生的环境时，才能够满足游客需求。此类旅游服务难以给予游客长久兴趣刺激，从而缺乏游客黏性。

在移动互联网时代，“旅游位置”的地位必然从服务内容转化为服务构成的输入性关键要素。通过对游客及相关地理位置的定位和旅游感知，“旅游位置”要素能够参与诸如旅游息搜索、旅游信息通信、旅游电子商务、旅游信息分享传播等多个传统互联网信息服务中，并显著提升这些旅游服务的服务质量，满足游客的个性化服务需求。因此，以 “旅游位置”为服务构成的输入性关键要素的网络服务，都可以被认为是旅游LBS或“旅游位置服务”，是当前旅游位置服务的发展倾向之一。

为了提升海上丝绸之路旅游LBS的服务形态，提高游客黏性，就需要在旅游服务内容中引入一些随机变化、不确定的因素，减少甚至消除游客体验疲劳。在海上丝绸之路旅游位置服务中，有三类要素是值得关注的：(1) 旅游空间位置(地图位置)。随着旅游景区建设及其他相关活动，旅游所存在的空间位置信息是不断变化的。传统旅游导航服务已然侧重于把握这些变化，因此构成了当前旅游位置服务最成熟、最普遍的服务形态。但旅游地图位置相对变化较慢，确定性大于不确定性；(2)游客位置。游客在不同时间出现在不同位置，具有高度变化性。以签到(Check In)为主要形式的旅游位置服务(如Foursquare等)正是运用了这一方面的随机性和不确定性，从而吸引了游客们的关注。随着智能移动设备的普及，游客位置的获取以不再是技术瓶颈。但游客大众轨迹的存储与运算，仍然有待技术创新；(3)旅游热点事件。任何旅游事件都离不开其发生的“旅游位置”。一旦将旅游事件与其发生的位置自动关联，现有互联网中的文本信息、图片、视频等都将成为旅游位置服务的元服务数据。这些数据将是旅游位置服务中信息量最大、最具有不确定性的要素。组织好这些要素，是吸引游客的关键。

2. 网络信息中海上丝绸之路旅游位置知识的发现

网络文本信息的旅游位置知识发现工作已有所开展。对互联网页面进行了分析，可以发现旅游位置地名，可以统计出平均每个文档含多少个旅游地名词汇。可以自动分析网页内容，找到里面所提到的任何旅游地理位置信息，进行关联索引，建立一个基于旅游地理位置+网页的关系数据库。可以推出基于旅游位置访问的身边百科。通过对现有内容的旅游位置知识发现快速获取游客身边的百科信息。

网络图像的旅游位置信息也开始被游客所关注。通过相机能自动将旅游照片位置写入图片的EXIF信息中。可以让游客在任何一个地点与软件上的朋友或家人分享旅游途中拍摄的照片或视频。当你的朋友在靠近您拍摄的照片或视频的旅游地点时，游客会收到曾经在这里发生的旅游事件的提醒。

拥有海量带有旅游语义和旅游属性的旅游位置知识，是旅游位置服务构成的制胜因素。依靠游客签到获取位置知识是一种好的解决思路。同时，在现有海量网络信息中发现旅游位置知识更应该引起旅游位置服务研究的关注。

3. 海上丝绸之路本地化旅游信息服务

旅游位置服务的另一个发展倾向是通过旅游定位和基于位置的旅游社会感知，使旅游服务自适应地“本地化”。“本地”是游客获取信息服务的主要兴趣指向之一。事实上早在传统信息时代，以平面媒体为代表的旅游信息服务商就已经重视“旅游本地化信息”，比如报纸的“本地旅游新闻”“身边旅游新闻”等。在互联网时代，旅游门户网站通过IP地址的分布信息，已经能够自动识别游客所在的城市等初级位置知识，从而向不同城市的游客提供不同的“旅游本地门户”。随着移动互联网时代的来临，移动定位精度不断提高，旅游隐伏区(如室内)定位的各种解决方案也开始投入应用，旅游服务的“本地化”将呈现从米级到城市级多种尺度共同发展。

“旅游周边局部化”信息的获取是旅游服务“本地化”的初级形态。当前的诸多旅游LBS应用已经完成了诸如旅游景区周边兴趣点的评价和推荐、旅游景区周边人群的旅游社交推荐、旅游景区周边商品售卖信息推送等本地化。

随着互联网移动性的不断增强和定位精度不断提高，游客请求服务的“本地”也经常发生变化。对于一部分旅游信息服务而言，即便是同一类型的旅游服务，游客在不同时刻、不同地点对旅游服务内容的期望也是不同的。因此，“旅游本地化”的第二层意思是指旅游服务应与游客自身环境相适应，形成对游客的个性化服务。游客环境通过旅游感知手段获得。旅游位置服务能否自适应地根据游客位置变化，探知其请求服务时的真实需求，是当前旅游位置服务发展的一个研究难题。

海上丝绸之路旅游位置服务的关键技术

海上丝绸之路旅游位置服务有两个重要方面的创新值得注意：首先是应用模式的创新。旅游地理信息及其附属的旅游时间信息引入到游客的旅游中，本身就给游客带来了全新的体验；其次是理论算法的创新。在旅游位置服务新颖的服务模式背后，其实存在着很多深刻的理论算法问题亟待研究。亟待发展的关键技术包括：

1. 提供“旅游位置”的技术，也就是旅游定位技术。室内外旅游定位的无缝接轨是当前旅游位置服务迫切需要解决的问题。

2. 感知位置的旅游属性相关技术。旅游位置服务中的“旅游位置”不仅仅是旅游地理位置，更是旅游社会位置。因此诸如旅游位置与人的关系(旅游地图匹配、旅游交通方式识别、游客频繁模式挖掘、游客环境判定)、旅游位置与位置的关联关系以及基于位置的旅游社会网络链路预测等都是值得关注的。

3. 数据处理的技术。参与签到的游客人数将非常巨大。位置服务中的游客轨迹、旅游位置知识等毫无疑问是海量数据。因此，如何解决游客大众轨迹数据建模和数据挖掘、大规模旅游时空数据的采集和存储等也是旅游位置服务中面临的问题。

4. 旅游位置知识发现相关技术。包括网络信息(文本、视频、音频、图像)的旅游位置知识发现技术以及未知旅游位置的预识别技术。

5. 旅游位置服务的终端感受技术。主要包括基于移动智能设备的增强现实技术、三维可视化技术等。

6. 面向旅游位置服务的隐私保护技术。旅游隐私保护是旅游位置服务中具有争议的问题。有些人认为游客对于分享旅游位置的热情远远大于保护隐私的担忧。但我们认为，游客分享位置是期望获得有利于旅游的信息服务，并不是为了刻意暴露隐私。目前以旅游时空匿名、位置混淆或空间加密等方法实现的隐私保护牺牲了旅游定位准确度，从而影响了旅游位置服务的服务质量。以可信第三方参与的隐私保护体系则显然不符合当前位置服务发展模式。在TSoLoMo体系下，游客必须提供或分享自身的旅游位置才能获得服务，同时诸多服务如基于位置的旅游社交、基于位置的旅游电子商务等又必须要求游客提供真实身份。二者结合必然构成游客隐私。因此，结合零知识、匿名认证等技术的旅游位置服务隐私保护协议亟待设计，而借鉴诸如数据库推理、隐私保持的数据挖掘等工作将有助于旅游位置服务隐私保护方法的深入研究。同时，旅游位置服务的隐私保护系统于移动互联设备也需要像杀毒软件、个人防火墙于PC一样，形成面向公众的独立产品。

7. 旅游位置服务的终端设备集成技术。包括智能微机械集成技术、旅游位置服务大容量电池技术等。

8. 面向旅游位置服务的近距离无线通信(NFC)技术。这类非接触式识别和互联技术，可以在旅游位置服务终端移动设备、消费类电子产品和智能控件工具间进行近距离无线通信，让游客简单直观地交换信息、访问内容与服务，有助于旅游位置服务“本地化”的开展。

9. 旅游位置服务公共服务平台技术，包括旅游位置服务云计算技术、旅游位置SaaS服务化接口技术、旅游位置服务计算框架等。这是旅游位置服务的核心技术，需要政府、高校和企业共同设计完成。

海上丝绸之路旅游位置服务的创意模式

随着当前海上丝绸之路旅游位置服务应用的不断普及以及定位技术、地图服务接口的进一步开放和完善，TSoLoMo门槛越来越低，大量同质化的旅游位置服务蜂拥而上，导致旅游位置服务泛滥。以游客签到和旅游导航为特点的两类旅游位置服务将占据旅游位置服务的主要市场。

此外，在海上丝绸之路旅游位置服务应用发展过程中，也遇到一些法律法规和政策问题。比如旅游电子地图的版权保护问题，国家行政主管部门对旅游位置服务应用(尤其是旅游地图测绘和使用)的许可与准入政策问题等。

第二节　基于移动互联网的海上丝绸之路旅游位置服务应用

3G时代的到来为移动增值业务提供了广阔的发展空间，海上丝绸之路旅游信息移动位置服务以其移动性、实用性、随时性和个性化的特点，成为最具发展潜力的移动增值业务之一。

随着移动定位技术、无线通信网络、地理信息系统、互联网技术、海上丝绸之路旅游业务的飞速发展，基于位置服务(Location-Based Services，LBS)的海上丝绸之路旅游应用也得到较快发展。基于位置的海上丝绸之路旅游信息服务是根据游客所在位置提供的一种增值业务，主要通过移动定位技术获得游客当前所在位置，在电子地图和业务平台的支持下，提供给游客位置相关的旅游信息服务，其最大特点是在游客需要的时间、地点和环境下，为游客提供与位置关联的信息，从而更加贴近游客需求和使用场景。

海上丝绸之路旅游信息移动位置服务的应用前景

构建一个海上丝绸之路旅游游客安全网络，即无论在任何时间和地点，都能通过无线信号追踪到游客的位置，从而促进海上丝绸之路旅游行业的LBS市场。

这得益于3G的快速发展。具有代表性的运营商，开始在全国提供位置服务，很多移动互联网运营商开始提供GPS地图服务。伴随着移动通信网络向3G的演进，移动运营商和业务提供商逐步建立了比较完善的、基于位置业务的基础设施。游客如果在海上丝绸之路旅游景区迷了路，可以通过手机查询详细的步行或乘车方案；如果游客要去一家旅游酒店，只要查询相关的位置信息，手机游客可以轻松获得旅游景区周边饭店的位置、到达的途径和乘车费用等信息。

海上丝绸之路旅游信息移动位置服务业务，例如“我在哪里”“你在哪里”“位置服务”“位置交友”“定位之星”业务。随着大家对海上丝绸之路旅游安全认识的提高，位置服务在海上丝绸之路旅游领域将逐渐得到承认。需要海上丝绸之路旅游交通安全管理与应急联动领域逐渐引入了GPS与移动通信结合的LBS服务。

海上丝绸之路旅游信息移动位置服务主要应用

海上丝绸之路旅游LBS市场蕴藏了巨大的商机，海上丝绸之路旅游企业、通信运营商、地图厂商、软件开发商、终端厂商等整个产业链中的众多参与者都积极投入其中，大力推进海上丝绸之路旅游LBS服务以及应用，主要有如下几个方面：

1．旅游导航

基于手机导航的海上丝绸之路旅游信息位置服务，不仅是海上丝绸之路旅游景区电子地图，还包括了景区内部及周边实时路况、景区3D地图、景区实时天气、景区在线导航和景区周边资讯等多种增值旅游信息服务。基于手机导航的海上丝绸之路旅游信息位置服务目前边界较宽泛，如可向游客提供周边搜索查询服务，可向游客提供同景区交友服务，可与即时通信相结合提供游客的沟通和交友服务，甚至还可与移动支付相结合，实现各类实体游客商品和游客服务的预约和扣费等。

2．基于位置的旅游网络服务（LBSTNS）

LBSTNS（基于位置的海上丝绸之路旅游网络服务）其核心是LBS，通过整合移动互联网和互联网的无缝网络服务，帮助游客寻找朋友位置和关联信息，同时激励游客分享位置等信息内容。海上丝绸之路旅游信息位置服务为游客信息增加新的标记维度，LBSTNS通过时间序列、行为轨迹和地理未知的信息标记组合，帮助游客与外部世界创建更加广泛和密切的联系，增强旅游社交网络与地理位置的关联性。

3．智能自驾游

海上丝绸之路自驾游信息化为信息技术与海上丝绸之路自驾游产业交叉融合而成的新兴产业，目前在国内外迅速普及和发展。智能自驾游主要为游客提供自驾游导航、跟踪定位、交通信息、娱乐信息以及安保监控服务，从目前的市场发展状况来看，运营商具商业前景的位置服务是应用于智能自驾游，系统以安保为核心卖点。

4. 旅游智能救助

海上丝绸之路旅游智能救助类业务属于典型的面向个人的定位业务。海上丝绸之路旅游智能救助业务主要是面向游客中的特殊群体，如为迷路游客、发病游客等人群提供应急救助。海上丝绸之路旅游景区也是这一业务开拓的重要市场，如帮助旅游景区工作人员实时定位游客是否在安全区域、在哪里，如发生紧急情况，就可以提供紧急救助。

5. 智能旅游交通

海上丝绸之路智能旅游交通涉及的范围很广，智能旅游大巴和景区巴士是在定位服务的基础上，将各种应用添加到一个大的平台之上。如根据定位信息旅游大巴及景区巴士调度监控管理体系可生成最优化的行车计划，调度车辆和管理车辆；根据实时定位信息，旅游大巴及景区巴士调度监控管理体系也可根据预先设置好的各种数据和库中的行车状况，向车辆发出调度指令，如加速、慢行、绕道或发车等。智能旅游大巴及景区巴士的主要目的是实现旅游大巴及景区巴士的智能监控和调度。

6. 智能旅游医疗定位

海上丝绸之路智能旅游医疗定位是一项极具商用前景的定位业务。其可帮助旅游运营商绕过复杂的医疗信息化体系，直接发挥自己的网络优势，面向最终游客提供服务。通过游客携带的手机或终端，海上丝绸之路旅游景区医疗调度中心可实时定位到患者的所在位置，甚至可以实时了解到患者的信息，调度距离患者最近的景区救护车；而旅游景区接诊医生也可以通过救护车实时发回的病患体征信息，与救护车进行视频通话，指导急救。可因此缩短旅游医疗急救时间、提高旅游医疗急救成功率。

7. 智能旅游物流监控

海上丝绸之路智能旅游物流监控是位置服务运营商最希望开拓的定位市场之一，也是最难开拓的一个市场。一方面，海上丝绸之路旅游货运行业业务覆盖地域广、车辆多，需要位置服务信息的货运司机多，要求数据共享的程度高。旅游货运行业企业多而小，旅游行业市场尚未完成整合，能够支付得起定位服务的大型旅游企业不多，位置服务运营商进入这一市场商业模式挑战大；另一方面，现代旅游物流监控不仅要确定物体的位置，同时还要保障旅游货物运输最优安排、准确及时运送，要求时刻跟踪旅游货物的位置和状态，信息量大，网络压力也大，这对位置服务运营商也是一个挑战。

制约国内海上丝绸之路旅游信息移动位置服务应用发展的因素

目前，展望国内3G业务发展，我们充满了期待。然而，国内还存在诸多制约海上丝绸之路旅游信息移动位置服务发展的因素。主要有以下几个方面：

1. 产业合作

LBS产业链构成的海上丝绸之路旅游信息移动位置服务是移动增值业务中最具吸引力的业务，同时也是海上丝绸之路旅游产业链合作环节中最为复杂的业务之一。LBS业务产业链由旅游运营商、移动运营商、系统设备提供商、终端厂商、GIS开发商、应用提供商、中间件提供商等多个环节组成。海上丝绸之路旅游信息移动位置服务产业链的复杂性和技术多样性，容易造成LBS业务的“木桶效应”非常明显。在海上丝绸之路旅游LBS产业合作中，应当解决好各环节的合作模式和利益分配问题，确保产业各方在合作中获得共赢。

2. 市场认知

LBS业务在国内的发展已有十年，但大多数游客对LBS业务还没有认知，更别提形成在海上丝绸之路旅游中使用LBS服务的习惯。因此，海上丝绸之路旅游信息移动位置服务运营商应该有效提高LBS业务的市场认知度，在未来LBS业务的开展中，培育大量的示范性游客，使他们形成使用定位业务的消费习惯。

3. 隐私问题

游客对个人信息隐私权的要求在一定程度上限制了海上丝绸之路旅游信息移动位置服务的快速发展。海上丝绸之路旅游信息移动位置服务在实施过程中，因为必须获取到游客所在位置的信息，常常会暴露游客个人的敏感信息，所以这里涉及一个隐私权的问题。调查表明，很多游客担心自己的隐私问题，隐私权的保护受到广大游客的关注，从某种意义上说，态度、隐私、法律管制等制约了LBS在海上丝绸之路旅游景区的部署和发展。

4. 其他因素

海上丝绸之路旅游LBS的发展还受到定位技术、终端类型、游客体验等方面的限制。目前，没有一种技术能同时兼顾旅游景区定位精度、室内/室外应用、低成本、实时性等多方面的需要，而且各类海上丝绸之路旅游应用对精度的要求各不相同，因此，需要采取混合技术满足海上丝绸之路旅游应用需求，要解决好相关技术的无缝衔接将给网络运营商在海上丝绸之路旅游景区的部署带来巨大的障碍和成本负担。旅游LBS的终端设备方面，处理器能力和定位计算能力差异较大。虽然带宽问题在旅游景区使用Wi-Fi或3G后会得到部分缓解，但仍存有多种操作系统和浏览器并存以及缺乏旅游LBS业务中间件和电子地图，给LBS各类旅游应用的开发增加了负担，同时大大降低了旅游LBS业务部署速度和游客体验的一致性。在改善游客体验方面，需要海上丝绸之路旅游产业链全部环节参与进来。如为提供一种具有普遍性、体验一致性、服务及时性的旅游LBS应用，则需要移动网提供同时支持2G低速业务与3G高速分组业务的统一服务能力；需要CP/SP（CP为Content Provider的缩写，中文翻译为内容提供商，SP为Service Provider的缩写，中文翻译为服务提供商）侧能提供基于游客和终端类型感知能力的个性化应用等。

海上丝绸之路旅游信息移动位置服务发展趋势

中国的海上丝绸之路旅游信息移动位置服务市场目前仍处于早期阶段。未来，旅游LBS业务与其他移动增值服务相结合的业务具有很强的竞争力。

1. 行业化

与传统行业融合也将是旅游LBS业务的重要发展方向。基于位置的海上丝绸之路旅游信息服务将会促进旅游物流、旅游交通、旅游安全、旅游规划等众多传统旅游产业的精确信息化管理，衍生价值无限。运营商将会充分与传统旅游产业开展合作，全面打造和扶持基于LBS的融合性旅游行业应用，促进旅游LBS产业价值链的多元化，拓宽旅游行业市场容量。海上丝绸之路旅游信息位置服务的最大市场是跟踪、导航服务，今后在位置导航、路线导航、交通导航、紧急求助等方面将涌现出大批新旅游业务。

2. 趣味化、实用化

海上丝绸之路旅游景区高精度定位信息将更加实用化，同时旅游交友、旅游博客等将通过WAP、JAVA、BREW等形式，提供更加丰富的互动服务。如旅游社交网络，引进了旅游互动网络等移动应用，包含了旅游景区商店、旅游景区饭店和旅游景区娱乐场所相关的信息和体验。游客在现实海上丝绸之路旅游景区中某一位置登录后，可以争取奖励挣取现金，然后在现实生活中的旅游场所中尽情享受。

3. 与旅游商务紧密结合

基于海上丝绸之路旅游位置的定向广告推送，为游客提供随时随身的广告推送服务。移动即位置，位置、受众、终端、行为、情景等将成为广告主更精准地锁定游客的手段，通过感知游客情景，可以投放更具互动和精准性的移动广告。根据游客登记的历史记录，针对游客特定偏好提供订制广告。此外，这些海上丝绸之路旅游LBS应用不断收集游客日常行程数据，而这些数据都是目标广告的宝贵分析材料。

国内海上丝绸之路旅游信息移动位置服务业务发展建议

1. 引导海上丝绸之路旅游产业链健康发展

海上丝绸之路旅游信息移动位置服务业务的发展有赖于产业链各方的密切配合，移动运营商在其中是占据主导和协调产业链各方的“黏合剂”，应从长远战略角度出发发展海上丝绸之路旅游位置服务。

让产业链各环节的参与方都能受益，并继续加大海上丝绸之路旅游信息移动位置服务的投入，是运营商推动海上丝绸之路旅游信息移动位置服务持续发展的关键。需要在“以运营商为主导”的商业模式中有更灵活的合作方式，配合运营商与海上丝绸之路旅游应用提供商的不同层面合作，引导产业链健康发展。

2. 充分结合 3G 优势

3G的优势是数据传输能力比2G系统有很大提高，为游客提供更丰富的信息提供了网络宽带的保证，使一些信息量较大的海上丝绸之路旅游业务通过无线网络实现成为可能，将极大丰富海上丝绸之路旅游信息移动位置服务内容。3G时代LBS定位应用可以加载很多其他的旅游数据业务，使信息娱乐更加复杂化、趣味化和准确化；使旅游景区高精度定位信息更加实用化。各大通信运营商应该发挥自身长处把握旅游LBS的发展契机。

3. 优化游客体验

基于客户端的使用方式将成为海上丝绸之路旅游信息移动位置服务未来的发展方向，客户端模式是目前能提供的最佳和最全面服务的一种方式。通过调研和分析游客对LBS界面要求，设计适合不同旅游应用的专用客户端，加强游客使用个性化，优化客户端和提升游客体验将直接影响业务的发展程度。根据经验，80%的业务使用量发生在几个最受欢迎的移动业务种类里。旅游信息内容直接关系到业务的使用量。业务所提供旅游信息内容必须是正确的，否则游客会觉得该业务没用；所提供的旅游信息内容的覆盖范围要广泛，同时在个别的旅游信息内容栏下要有一定的深度。

4. 拓展旅游行业应用和导航

重视海上丝绸之路旅游LBS行业融合应用：基于位置的服务将会促进旅游物流、旅游交通、旅游安全、旅游规划等旅游传统产业的精确信息化管理。移动运营商需要结合旅游行业中游客的价格承受能力较高的特点，充分与传统旅游产业开展合作，全面打造和扶持基于LBS的融合性旅游行业应用。LBS用于旅游导航和旅游行业应用前景广阔。运营商可以结合目前开展的话音、短信等业务，向游客提供更丰富多样的海上丝绸之路旅游信息移动位置服务业务，如旅游交通、游客跟踪、游客求救等。

5. 旅游业务发展的同时处理好相关问题

在海上丝绸之路旅游业务运营的同时，应处理好相关问题，例如游客鉴权、位置隐私、内容和计费。其中游客隐私问题是很多运营商较关注的问题，因为有可能因隐私问题使游客放弃使用该业务，或使许多业务无法开展。一方面要在技术上确保游客隐私，另一方面要使游客相信其隐私权未受到侵犯。

在3G时代，海上丝绸之路旅游LBS将会发展成为基于移动网络本身的核心旅游应用，移动互联网上的一个旅游业务亮点。与GPS技术的无缝集成，网络条件质的飞跃，3G终端的普及，旅游信息内容的丰富，各方面条件的改善会促使旅游LBS实用性的优势得到充分体现与释放。电信运营商须深挖旅游位置服务中游客的使用习惯，不断创新旅游产品、融合多种旅游业务与旅游服务模式，注重游客参与、优化游客体验，不断强化自身在旅游业务的实时性、互动性、综合性等方面的优势，海上丝绸之路旅游信息移动位置服务市场必将获得飞速发展。

第三节　基于移动互联网的海上丝绸之路旅游服务 Android 系统

海上丝绸之路旅游移动互联网时代来临，一个崭新的时代开始了！所谓海上丝绸之路旅游移动互联网就是将移动通信和互联网与海上丝绸之路旅游行业整合在一起，是移动设备（包括手机和上网本）可以随时随地访问互联网上海上丝绸之路旅游资源和应用。

海上丝绸之路旅游云是由许多水分子组成的，几乎有几亿个。海上丝绸之路旅游云没有中央控制，基本上可以随风吹向各处。从这个角度来说，Internet中无数个具有各种用途的海上丝绸之路旅游信息服务客户机和服务器以及驱动其发展的控制实体就像是海上丝绸之路旅游云。

将海上丝绸之路旅游云与移动设备带给我们的无线数据革命结合后，智能手机是海上丝绸之路旅游移动互联网时代一个标志性的客户端工具，具有强大的海上丝绸之路旅游移动“云”计算和储存能力，可以通过移动通信网络来实现无线网络接入，从而实现各种各样的富有创造力和想象力的海上丝绸之路旅游“云”应用。

海上丝绸之路旅游“云”计算将可移植设备与强大的服务器互为补充，它需要一个能够让海上丝绸之路旅游信息服务器架构师和程序员最大限度利用小型客户机器的操作系统。Android就是这样一种操作系统。

传统的海上丝绸之路旅游行业，海上丝绸之路旅游产品购买过程都是由海上丝绸之路旅游景区服务员人工完成的。通常过程是这样的，游客进入海上丝绸之路旅游景区后，排队开始海上丝绸之路旅游产品购买，服务员等待游客海上丝绸之路旅游产品购买完成，将游客的海上丝绸之路旅游产品购买内容通知产品（例如旅游车）供给部门，由产品供给部门将产品提供给游客。这一过程对一个小的海上丝绸之路旅游景区来说没有问题，但如果海上丝绸之路旅游景区比较大、游客比较多（排队需要很长时间）或者游客要求购买某个不在海上丝绸之路旅游景区现场的产品（例如某一趟旅游车还没有回到景区），游客的等待时间就会比较长。

海上丝绸之路旅游移动云系统设计

1. 系统物理架构

该系统主要包括海上丝绸之路旅游移动云后台数据库服务器、Web服务器、无线网络、Android前端等部分。海上丝绸之路旅游移动云客户端Android系统智能手机具有前端处理与计算能力，而且可通过无线网络访问海上丝绸之路旅游Web服务器，如果需要数据访问，则访问后台数据库。

海上丝绸之路旅游移动云客户端采用Android操作系统（1.5版本以上）。海上丝绸之路旅游移动云服务器端采用Tomcat Web服务器（5.5版本以上）（也可以是其他Web服务器）、MySQL 数据库。如图所示：

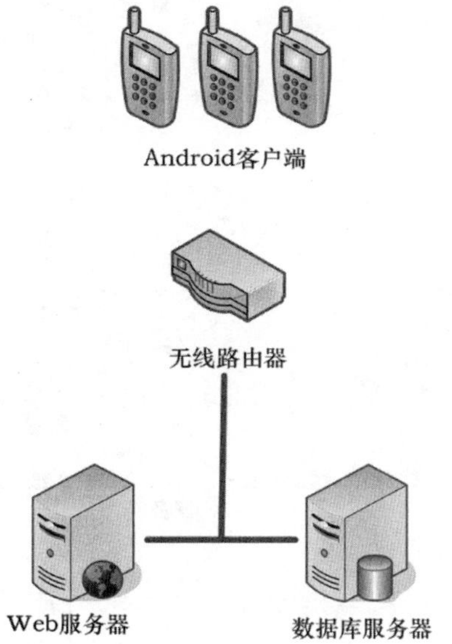

海上丝绸之路旅游移动云系统

2. 海上丝绸之路旅游移动云系统技术选型

海上丝绸之路旅游移动云Android客户端应用使用Java技术，网络通信使用Apache HTTP协议客户端，海上丝绸之路旅游移动云Web服务器采用Tomcat Web服务器技术，采用Servlet技术响应客户请求。

海上丝绸之路旅游移动云后台数据库采用JDBC访问远程MySQL数据库，海上丝绸之路旅游移动云Android客户端的一部分数据同时存储在Android本地的SQLite数据库和后台MySQL数据库中，实现海上丝绸之路旅游移动云Android客户端和后台数据库的数据同步技术。如图所示：

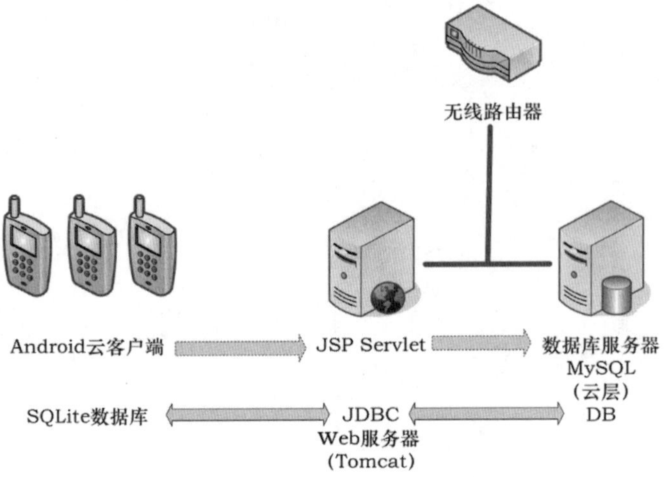

海上丝绸之路旅游移动云系统的技术选型

3. 海上丝绸之路旅游移动云系统数据库设计

后台Mysql数据库名称：silkway_db，共计包含以下6个数据表。

数据表：producttbl（旅游产品数据表）；主键：id（旅游产品编号）；外键：typeID（旅游产品类型编号）。

数据表：producttypetbl（旅游产品类型数据表）；主键：id（旅游产品类型编号）。

数据表：ordertbl（订单数据表）；主键：id（订单编号）。

数据表：orderdetailtbl（订单详细信息表）；主键：id（订单旅游产品编号）：外键：orderId（订单编号）。

数据表：attractiontbl（旅游景点数据表）；主键：id（旅游景点编号）。

数据表：usertbl（系统用户数据表）；主键：id（系统用户编号）。

数据模型设计如图所示：

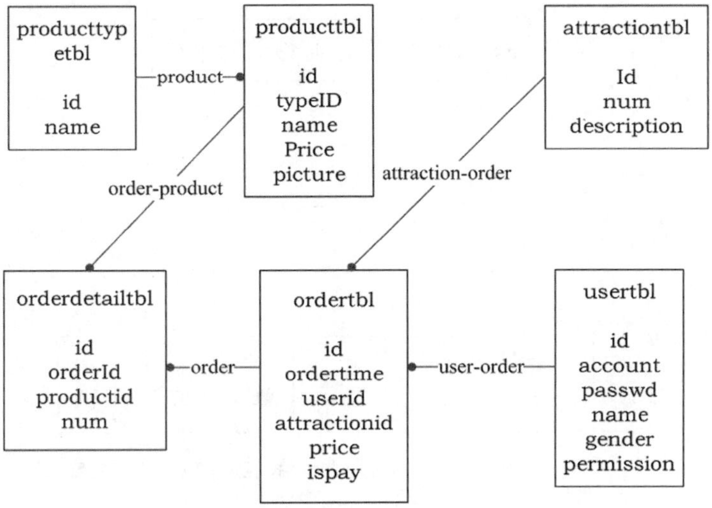

海上丝绸之路旅游移动云系统的数据模型

海上丝绸之路旅游移动云系统实现

“移动云计算之Android海上丝绸之路旅游服务系统”功能模块实现如图1所示。

每个功能模块实现说明：

(1)系统的登录功能：系统用户输入用户名和密码，实现登录，进入海上丝绸之路旅游服务系统主菜单。登录过程是通过无线网络，在后台数据库中通过用户名和密码进行查询，海上丝绸之路旅游服务系统注册用户方可使用该系统（如图2）。

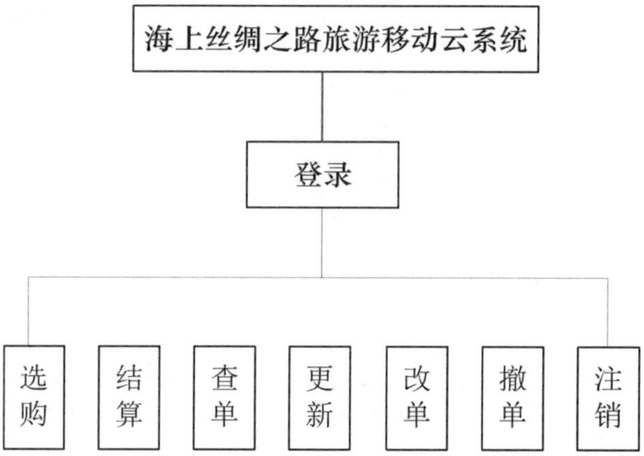

图 1 海上丝绸之路旅游移动云系统的功能实现框图

图 2 海上丝绸之路旅游移动云系统的登录示意图

(2)系统主菜单：包括选购、结算、查单、更新、改单、撤单、注销等以图形方式展现的系统功能菜单。

(3)海上丝绸之路旅游产品选购功能：该模块包括了加入购物车、立即购买、收藏三个功能。

(4)结算功能：游客可以根据订单编号查询旅游产品购买订单信息和订单信息详细列表，游客确认后单击结算按钮进行结算。结算完毕后，游客的海上丝绸之路旅游产品购买信息，通过无线网络及时地将海上丝绸之路旅游产品购买信息传送到后台服务器，进而在景区产品供应部门终端显示，利于景区产品供应部门工作人员尽快向游客配送旅游产品服务。

(5)查单功能：当有游客向购买海上丝绸之路旅游产品时，需要查询是否有想要的旅游产品以及旅游产品状态(有货或缺货，以及旅游产品的描述，已购过该旅游产品的游客的评价)，来选购游客产品。该过程应是查询数据库中的旅游产品数据得到当前旅游产品状态列表，通过可视化的界面进行显示。

(6)更新(数据同步)功能：为了提高程序的运行效率，将服务器中旅游产品列表和旅游景点表的数据保存到Android客户端SQLite数据库中。因此，当服务器中的数据改变时需要及时将服务器中的数据动态地更新到客户端，更新功能就是为此而设计的。

(7)改单功能：游客下单后，要求更改订单，这时需要更改已经提交的数据。更改的过程是根据订单号找到该订单对应的旅游产品，将该旅游产品更改为更换后的旅游产品。

(8)撤单功能：将已经下单的订单撤销的过程，该过程需要删除已经提交到数据库中的数据，或将已经提交到数据库中的数据做删除标记。

(9)注销功能：退出“移动云计算之Android 海上丝绸之路旅游服务系统”。

海上丝绸之路旅游移动云系统展望

“移动云计算之Android 海上丝绸之路旅游服务系统”完全具有了传统的C/S和B/S 的优异功能，同时又结合了最先进的移动“云”计算设计理念。

为了满足具有一定规模、需要提高海上丝绸之路旅游产品购买效率，“移动云计算之Android海上丝绸之路旅游服务系统”实现一套Android客户端软件和完善的后台服务功能来完成海上丝绸之路旅游服务功能。系统不会占用太大的预算，并能尽量沿用原有的成熟技术，该系统将具有很好的应用价值。

第六章

21 世纪海上丝绸之路与智慧旅游之云计算

海上丝绸之路旅游云计算是基于互联网的海上丝绸之路旅游相关服务的增加、使用和交付模式，通常涉及通过互联网来提供动态易扩展且经常是虚拟化的资源。海上丝绸之路旅游云计算甚至可以让你体验每秒10万亿次的运算能力，拥有这么强大的计算能力可以模拟旅游事件、预测旅游变化和市场发展趋势。游客通过电脑、笔记本、手机等方式接入旅游数据中心，按自己的需求进行运算。海上丝绸之路旅游云计算是使计算分布在大量的分布式计算机上，而非本地计算机或远程服务器中，旅游企业数据中心的运行将与互联网更相似。这使得旅游企业能够将资源切换到需要的旅游应用上，根据需求访问计算机和存储系统。海上丝绸之路旅游云计算特点如下：海上丝绸之路旅游企业私有云一般拥有数百上千台服务器。海上丝绸之路旅游云能赋予游客前所未有的计算能力；海上丝绸之路旅游云计算支持游客在任意位置、使用各种终端获取应用服务；海上丝绸之路旅游云使用了旅游数据多副本容错、计算节点同构可互换等措施来保障旅游信息服务的高可靠性，使用旅游云计算比使用本地计算机可靠；海上丝绸之路旅游云计算不针对特定的旅游应用，在“云”的支撑下可以构造出千变万化的旅游应用，同一个“云”可以同时支撑不同的旅游应用运行；海上丝绸之路旅游云的规模可以动态伸缩，满足旅游应用和游客规模增长的需要；海上丝绸之路旅游云的特殊容错措施可以采用极其廉价的节点来构成云，“云”的自动化、集中式管理使大量旅游企业无须负担日益高昂的数据中心管理成本。

第一节　21 世纪海上丝绸之路旅游云服务

云计算正引领着IT技术新一轮的发展，必将最终对海上丝绸之路旅游界产生巨大影响。目前，海上丝绸之路旅游区域性、集聚式的发展格局已经出现，如何实现海上丝绸之路旅游资源共建共享已成为当前普遍关注的问题。

云计算相关的设计思想、网络技术和服务，正在逐步走进海上丝绸之路旅游。云计算在给海上丝绸之路旅游带来提升网络信息管理与服务的水平的同时，降低了IT管理与服务的成本。海上丝绸之路旅游企业无须购置大量服务器、存储设备，不用担心留不住优秀的IT人才。

将云服务引入了海上丝绸之路旅游界，很可能将整个海上丝绸之路旅游行业的服务“云朵化”。

海上丝绸之路旅游云服务的架构

海上丝绸之路旅游云服务的建设目标首先是为海上丝绸之路旅游客户提供海上丝绸之路旅游服务，同时依托海上丝绸之路旅游云服务的建设框架将，通过统一身份认证、统一查询平台、旅游资源共享、旅游服务、虚拟旅游、自建旅游资源管理平台等海上丝绸之路旅游应用系统，经海上丝绸之路旅游云服务中心的统一调度为海上丝绸之路旅游各企业提供服务。

传统上的海上丝绸之路旅游应用系统建设中包含了很多业务逻辑的具体实现，并且有一些流程控制的代码来进行海上丝绸之路旅游商业逻辑的调用，用以实现工作流，这种方法的弊端是显而易见的：当海上丝绸之路旅游需求发生改变时，这些流程控制代码就必须跟着改变。现在，使用业务流程管理（BPM）改变了构造此类海上丝绸之路旅游应用的方式。海上丝绸之路旅游云服务应用系统的实施全面采用SOA架构，实现基于工作流引擎的海上丝绸之路旅游应用系统，专业的流程引擎允许流程的描述与它的具体实现分离。因此，海上丝绸之路旅游应用的流程控制是由服务来调用具体的方法，这也大大提高了海上丝绸之路旅游应用的灵活性，更能适应不断变化的环境。

海上丝绸之路旅游云服务体系中的“云”思想主要体现在三个“联合保障”：设备资源联合保障、数据安全联合保障、资源与服务联合保障。

（1）设备资源联合保障

海上丝绸之路旅游云服务应用系统的建设采用服务器集群、虚拟机管理、虚拟存储和网络均衡技术实现对硬件资源的虚拟化。在海上丝绸之路旅游应用系统建设中采用交付海上丝绸之路旅游应用的理念，海上丝绸之路旅游各企业基本无须购置服务端的硬件设备及部署海上丝绸之路旅游应用系统平台，即可获得所需的服务。

（2）服务安全联合保障

海上丝绸之路旅游客户可通过直接浏览访问的方式登录海上丝绸之路旅游云服务门户获得服务。由于海上丝绸之路旅游云服务向海上丝绸之路旅游客户提供开放API，海上丝绸之路旅游各企业可以在自有门户集成海上丝绸之路旅游云服务的资源，因而海上丝绸之路旅游客户也可以通过访问海上丝绸之路旅游各企业的门户获得服务；海上丝绸之路旅游企业如需使用海上丝绸之路旅游应用系统可通过直接Web访问平台获得或安装系统的客户端程序来获得服务。

（3）资源数据联合保障

从外部看，海上丝绸之路旅游云计算只是将计算和存储资源从海上丝绸之路旅游企业迁出，并迁入到海上丝绸之路旅游云中。从海上丝绸之路旅游云服务的建设理念看，在目前现有建设框架下部分实现了计算和存储的整合。海上丝绸之路旅游企业的旅游数据库无须本地部署，由海上丝绸之路旅游云服务集中部署。海上丝绸之路旅游云服务中心将采用七层服务均衡负载、服务器资源虚拟漂移及存储资源的动态划分来构建硬件资源云，使得硬件资源透明化。

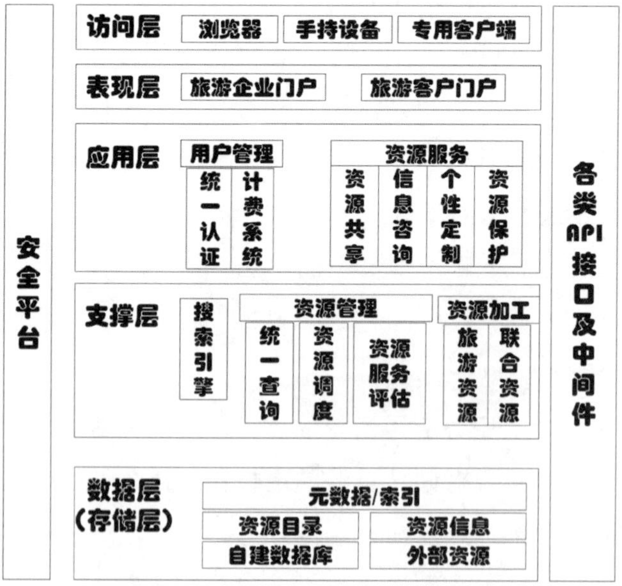

海上丝绸之路旅游云服务体系架构

海上丝绸之路旅游云的构建

基于现有成熟的IT技术及高速网络环境，为海上丝绸之路旅游企业实施集中计算和集中存储提供了良好的基础。海上丝绸之路旅游云服务的建设刚刚起步，从云计算的海上丝绸之路旅游应用模式来看，海上丝绸之路旅游云的构建模式如图所示：

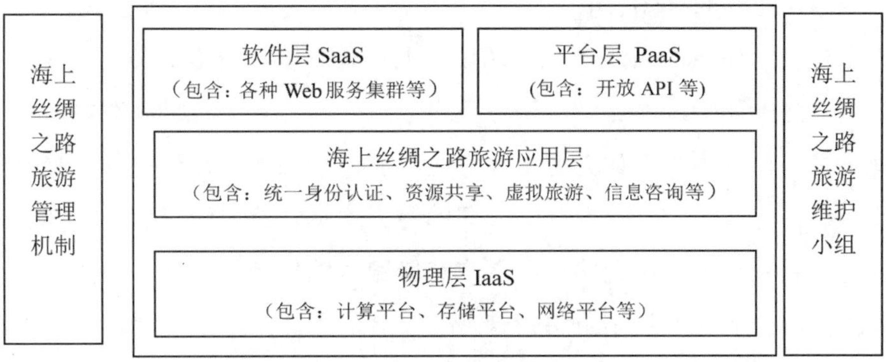

图　海上丝绸之路旅游云架构

1. 软件即服务（SaaS）

海上丝绸之路旅游企业无须本地部署海上丝绸之路旅游云服务应用层的系统，直接用Web访问中心开放的服务即可。

2. 平台即服务（PaaS）

在海上丝绸之路旅游云服务建设中，海上丝绸之路旅游应用系统会对海上丝绸之路旅游企业开放API，便于海上丝绸之路旅游企业集成到自有的门户中。同时，海上丝绸之路旅游企业开放系统资源，提供开发平台，满足个性化系统的海上丝绸之路旅游需求。

3. 云服务应用层

海上丝绸之路旅游云服务应用层包括海上丝绸之路旅游云服务的统一身份认证、统一查询平台、旅游资源共享、虚拟旅游、信息咨询、自建资源管理平台，这些系统通过软件层已经实现了软件即服务(SaaS)。

4. 物理层 IaaS

海上丝绸之路旅游云服务需要一定数量的存储设备、服务器和网络设备，这些硬件设备需要满足三到五年内海上丝绸之路旅游企业及客户的海上丝绸之路旅游需求。这些设备组成了海上丝绸之路旅游服务云的物理层IaaS。

5. 旅游云的管理机构

海上丝绸之路旅游云服务在实现技术上不是难度，更多的是人文、经济和法律的问题。海上丝绸之路旅游云服务建设应成立由各海上丝绸之路旅游企业组成的管理委员会。该委员会作为海上丝绸之路旅游云服务今后运行的直接管理协调机构，可以在协调各方利益，制订合理的海上丝绸之路旅游云服务方案和付费方案，制定一系列海上丝绸之路旅游用户获取服务的规范等工作中发挥作用。海上丝绸之路旅游云服务维护小组将在管理委员会的领导下开展工作，并依据海上丝绸之路旅游云服务的管理机制管理海上丝绸之路旅游云，对非法用户和违规操作进行管制。

海上丝绸之路旅游云模式应用前景分析

1. 硬件环境的“云”共享

海上丝绸之路旅游云服务建设的服务器、小型机及存储等硬件资源可以满足海上丝绸之路旅游企业及客户三到五年的海上丝绸之路旅游需求，在后期建设中规划建设以海上丝绸之路旅游云服务为中心的各海上丝绸之路旅游企业直连光纤互联网络，依托这个高速互联的网络可以把海上丝绸之路旅游企业和客户无缝地接入到海上丝绸之路旅游云中，各个海上丝绸之路旅游企业现有的硬件资源可以托管给海上丝绸之路旅游云服务中心，通过海上丝绸之路旅游云服务平台加以整合利用，这些都为实现硬件云共享奠定了基础。

2. 海上丝绸之路旅游资源的云建设

实现云服务后，海上丝绸之路旅游资源的共享不再是问题，同时海上丝绸之路旅游各企业还可以在海上丝绸之路旅游云实现同其他海上丝绸之路旅游企业的旅游资源进行比对分析，制定本企业旅游资源开发及运营战略，将有限的旅游资源建设经费用于本企业的特色旅游资源上。海上丝绸之路旅游云使得各海上丝绸之路旅游企业如同一个整体，海上丝绸之路旅游各企业资源可以实现优势互补、各具特色，完美实现海上丝绸之路旅游资源的共知共享。

海上丝绸之路旅游资源的“云”建设效益更是显而易见的。通过采用海上丝绸之路旅游云存储服务，海上丝绸之路旅游各企业无论是自建还是购买的资源无需本地镜像，消除海上丝绸之路旅游各企业存储的低水平重复建设，将为海上丝绸之路旅游各企业节省一笔不少的经费。

3. 人力资源的“云”共用

海上丝绸之路旅游云的运行和维护需要一批专业的IT及海上丝绸之路旅游相关人才，而海上丝绸之路旅游各企业接入海上丝绸之路旅游云后，可以成立海上丝绸之路旅游云服务维护小组，联合海上丝绸之路旅游各企业的人力资源共同来维护和运行海上丝绸之路旅游云。因而，海上丝绸之路旅游普遍存在的专业技术人员紧缺的矛盾将大为缓解。例如，海上丝绸之路旅游云服务体系中位于某企业的海上丝绸之路旅游云的硬件维护可由该企业来承担，对于诸如海上丝绸之路旅游云服务、云存储管理、云服务器管理、云网络管理及云API开发等海上丝绸之路旅游云管理可由海上丝绸之路旅游各企业抽调的技术人员依据其专业特点予以组合，成立相应的海上丝绸之路旅游云管理小组进行管理。海上丝绸之路旅游各企业技术人员仍旧在各自企业办公，通过海上丝绸之路旅游云网络利用成熟的KVM-OVER-IP技术接入云管理平台，实现虚拟联合办公。同样，在虚拟咨询平台也可以打破海上丝绸之路旅游各企业物理地域和行政管理的概念，按海上丝绸之路旅游各企业咨询人员专业特长成立虚拟咨询小组，联合为海上丝绸之路旅游客户提供服务。依托海上丝绸之路旅游云实现人力资源的“云”共用。

4. 用户服务的海上丝绸之路旅游云体验

海上丝绸之路旅游云建设的最终目标是为海上丝绸之路旅游客户使用海上丝绸之路旅游提供便捷、友好的服务。海上丝绸之路旅游各企业的门户平台运行在海上丝绸之路旅游云中，海上丝绸之路旅游云可以动态调整硬件和网络资源来满足海上丝绸之路旅游各企业的需要，海上丝绸之路旅游客户可以登录海上丝绸之路旅游企业的门户来获得服务。从海上丝绸之路旅游客户的网络体验来看，他仍旧感觉是在海上丝绸之路旅游企业的网络中使用，且不会感觉到在高峰时段的网络拥塞和访问变慢。从海上丝绸之路旅游客户的资源获取体验看，他可以查看到所有海上丝绸之路旅游资源，对于本地海上丝绸之路旅游各企业没有的旅游资源可以通过资源共享平台快速得到服务。同时，依托联合信息咨询平台，他在工作日和非工作日时间均可得到由海上丝绸之路旅游各企业咨询员提供的专业咨询服务。对于海上丝绸之路旅游客户来说，这些体验均可通过点击一个简单的链接完成，如同一根无形的网线接入了海上丝绸之路旅游云服务。海上丝绸之路旅游云服务对海上丝绸之路旅游客户来说是透明、快速、高效和稳定的“云”体验。

云计算给海上丝绸之路旅游管理带来挑战

云计算离海上丝绸之路旅游并不遥远。云计算是一种规模化的IT服务，因此更适合于大企业运作。但云计算有多种类型，至少包括软件即服务（SaaS）、平台即服务（PaaS）、基础设施即服务（Iaas）。如果说Paas和Iaas更适合大企业运作的话，那么Saas则几乎适合任何规模的组织。不但海上丝绸之路旅游服务企业可能提供Saas，海上丝绸之路旅游本身也适合提供Saas，如海上丝绸之路旅游总公司通过Saas向海上丝绸之路旅游分公司提供服务。如果认可云计算的宽松概念，即将XaaS（X代表所有IT设施）都看成云计算，那么云计算早已在海上丝绸之路旅游中运用。如，旅行社数据库或旅游资源数据库商很多年前就以网络数据库取代了光盘版，早期的镜像版也越来越多地被网络版所取代，这可以看成将海上丝绸之路旅游接入了数据库云。很多海上丝绸之路旅游软件提供商不断尝试改变软件提供模式，通过提供IT服务取代简单地销售软件产品。海上丝绸之路旅游智慧化管理系统托管平台，在云服务提供商的服务器上安装管理软件、由云服务提供商负责维护，海上丝绸之路旅游通过网络浏览器实现业务的智慧化管理。这种软件即服务的产品前期将主要面向中小型海上丝绸之路旅游，或者只限于海上丝绸之路旅游的某些辅助应用。由于云计算服务可望从基础设施层面解决许多长期困扰海上丝绸之路旅游网络信息管理和服务中存在的问题，如硬件和软件的更新总是赶不上技术的进步，高薪聘用的IT管理人员始终无法融入海上丝绸之路旅游服务团队，等等。可以预料，会有越来越多的海上丝绸之路旅游企业试水云计算，通过云计算来提升海上丝绸之路旅游网络信息管理与服务的水平，降低管理与服务的成本。

因为云计算将改变海上丝绸之路旅游的IT基础设施，因而它将超越IT本身，而成为一个与海上丝绸之路旅游管理与服务相关的问题。海上丝绸之路旅游也许不能成为基础设施层面甚至平台层面的云计算提供者，而只是云计算的应用者。但是，面对迅猛而来的云计算，不可能设想云计算提供商能解决海上丝绸之路旅游应用层面的所有问题。海上丝绸之路旅游界一方面需要研究云计算与海上丝绸之路旅游的关系、云计算在海上丝绸之路旅游的应用前景等基础性问题，丰富海上丝绸之路旅游学的理论；另一方面，也是更为紧迫的理论问题，是对于云计算应用的行业管理问题。如果海上丝绸之路旅游管理者（包括行业管理者和海上丝绸之路旅游的管理者）有能力驾驭云计算，这种先进的IT基础设施将为海上丝绸之路旅游带来巨大的利益。但这只是一种可能。从云计算的基本理念及海上丝绸之路旅游应用云计算的可能框架分析，云计算给海上丝绸之路旅游管理所带来的挑战是前所未有的。例如，加特纳公司所指出的云计算七大风险，加州大学伯克利分校Armbrust等人的技术报告《云之上：云计算的伯克利评论》所讨论的云计算的十大障碍，马里兰大学的Jaeger等人讨论的云计算的八个“规则”。所有这些问题，可能在海上丝绸之路旅游云计算这个领域给海上丝绸之路旅游管理带来挑战。也就是说，海上丝绸之路旅游应用云计算并没有现成的道路可走，前方的道路可能比以往数字海上丝绸之路旅游的进程存在更大风险。这就需要海上丝绸之路旅游界迅速应对云计算给海上丝绸之路旅游管理提出的挑战，对应用云计算所导致的管理问题进行系统、深入的研究。面对云计算应用可能导致的海上丝绸之路旅游管理的挑战，海上丝绸之路旅游学家需要尽快启动对于云计算管理问题的研究，积聚理论资源，为国家、行业或海上丝绸之路旅游的管理者提供必要的政策思想、管理规则和解决方案。

第二节　基于云计算的海上丝绸之路个性化旅游

游客个性化的趋势逐渐明显，受到了社会各界的普遍关注。传统的旅游模式主要以家庭旅游和机构旅游为主，传统的旅游方式已经无法满足游客的多样化需求，海上丝绸之路个性化旅游成为主要的旅游模式。通过对海上丝绸之路个性化旅游现状的调查分析，找出现有模式存在的缺陷和不足，结合旅游云计算的旅游信息整合与旅游信息共享等优势，建立基于旅游云计算的海上丝绸之路个性化旅游模型，并分别从景区、旅游景区、购物、定位、娱乐、交流和旅游知识等方面进行分析，可以更好地满足游客的一体化需求。权衡游客的需求和社会发展的需要，结合两种传统旅游模式的“海上丝绸之路个性化旅游”旅游信息服务模式被大家广泛接受。海上丝绸之路个性化旅游作为由家庭旅游向个性化旅游过渡的一种形式，集中了家庭旅游和机构旅游的优点。目前，海上丝绸之路个性化旅游模式主要分为三种：线上旅游信息服务模式、线下旅游信息服务模式和两种旅游信息服务相结合的模式。随着游客个性化、游客年龄多样化、国外游客以及游客旅游方式的改变，目前的旅游信息服务模式已经不能满足游客个性化的需求，存在诸多现实问题。

海上丝绸之路个性化旅游信息服务中存在的主要问题

海上丝绸之路个性化旅游旅游信息服务得到各级政府的高度重视。政府在海上丝绸之路个性化旅游信息服务方面投入了大量资金，并在政策方面提供许多支持，但是目前还存在很多问题，主要体现在以下几个方面：

（1）海上丝绸之路个性化旅游旅游信息服务模式在实施过程中，显示出了专业人员供不应求的弊端。景区旅游信息服务人员通常只能为游客提供一些基本的、简单的旅游信息服务，对于游客的特殊需求，显现出了很大的局限性。由于社会支持系统和投资的不完善，导致专业人员严重缺乏。很多旅游景区的工作人员基本没有接受过专业的训练，对于需要具备旅游专业知识才可以解决的问题有时显得束手无策。多数旅游景区很少甚至几乎没有具备专业技能的旅游信息服务人员，致使海上丝绸之路个性化旅游模式在实施中出现很多问题。

（2）海上丝绸之路个性化旅游的资金投入有限，对于投入的旅游资源没能有效地加以利用，这直接影响到海上丝绸之路个性化旅游模式的实施和完善。海上丝绸之路个性化旅游主要的资金投入来自于政府和一些社会上的投资机构，他们为游客提供旅游贷款，为旅游机构、景区提供资金支持。随着游客的数量逐年增加，再加之资金没能被合理有效地利用，使得政府和投资机构的投入已经无法满足海上丝绸之路个性化旅游的基本要求。当前社会对海上丝绸之路个性化旅游的投入，在未来是否能派上用场还有待探讨，有可能造成很大的经济损失和旅游资源的浪费。

（3）海上丝绸之路个性化旅游旅游信息服务模式不够规范化、制度化，还没有被游客完全接受，游客的参与程度和个性化程度都还比较差。很多景区纷纷建立了海上丝绸之路个性化旅游系统，旅游信息服务对象是本景区的游客，然而，这些系统都还没有发展到成熟的阶段，不能规范化、制度化地满足游客的需求。面对这些新出现的不够完善的海上丝绸之路个性化旅游信息服务模式，游客们很难较快地接受并主动参与其中，会导致这些海上丝绸之路个性化旅游系统不被大家所认可。

（4）海上丝绸之路个性化旅游系统如果不解决海上丝绸之路个性化旅游所面临的“旅游资源的共享”以及“旅游信息的整合”问题。随着旅游人数的激增，海上丝绸之路个性化旅游的旅游信息及数据也呈现出爆炸式增长，这直接导致了各种旅游资源的大量需求和大量耗费，这些都很不利于目前的海上丝绸之路个性化旅游模式的存在和发展。因此，如何实现旅游资源共享及旅游信息整合成为海上丝绸之路个性化旅游所面对的两大重要问题。另外，由各个景区分别建立海上丝绸之路个性化旅游信息服务系统，在基础设施的投入方面也是一种浪费。

面对游客日趋多样化、复杂化的需求不能得到很好满足的问题，海上丝绸之路个性化旅游模型的正确建立显得越发重要和迫切。我们将对海上丝绸之路个性化旅游模型进行了较为深入的研究，引入当下正迅速发展的旅游云计算，推动海上丝绸之路旅游更好更快地发展。

云计算在海上丝绸之路个性化旅游中的优势

旅游云计算是一种对IT旅游资源的使用模式，是对共享的可配置的计算旅游资源（如旅游信息网络、旅游信息服务器、存储、应用和旅游信息服务）提供无所不在的、方便的、随需的旅游信息网络访问。旅游云计算的核心内容是旅游信息网络资源的共享和海量旅游信息数据的整合，能够以较低的成本来解决海量数据的处理问题。旅游云计算可以通过物联网和互联网连接、利用各种硬件及软件资源，随时帮助旅游企业对海量旅游信息进行有效的获取和分析，进而做出更加明智的决策。旅游云计算的核心技术是自动化，它可以使游客在无须旅游信息服务提供者介入的情况下，对旅游资源使用的请求能够以自行旅游信息服务的方式实现。针对目前我国所面临的游客个性化、个性化旅游难等问题，引入旅游云计算可以带来以下优势：

1. 旅游云计算的规模化效应可以降低海上丝绸之路个性化旅游的成本

面对我国海上丝绸之路个性化旅游旅游信息及数据呈现爆炸式增长的现状，利用旅游云计算以较低成本处理海量数据这一优势，可以降低海上丝绸之路个性化旅游的成本，其规模化效应为政府及社会节省了开支，解决资金投入不足的问题。海上丝绸之路个性化旅游所面对的一个主要问题是“旅游资源的共享”以及“旅游信息的整合”，这正是旅游云计算的核心所在。因此将旅游云计算引用到海上丝绸之路个性化旅游模式中，将个性化游客及与游客相关的一切要素都整合起来，构成一个大的物联网。在实施过程中，将个性化游客的资料全部收录到云系统中，利用旅游云计算将旅游信息进行分类汇总和有效整合，并应用不同的云终端进行实时监控，处理游客们复杂化的海量的旅游信息服务需求，最大限度地方便游客准确获取旅游信息，达到真正意义上的双赢。

2. 旅游云计算有助于海上丝绸之路个性化旅游中的配置旅游资源智能化

旅游云计算智能化的旅游资源调配，可以构建完整的自动化的海上丝绸之路个性化旅游模式，这势必会降低对旅游信息服务人员的需求量，节省了人力。同时，旅游云计算的使用，并不要求使用者对其充分了解或者是IT精英，任何人都可以运用，它的广泛易用性大大降低了专业人员的需求量，可以用来解决海上丝绸之路个性化旅游模式中专业旅游信息服务人员不足的问题。针对其智能化的特点，我们可以向大的旅游云计算运营商进行租用，灵活响应游客个性化的需求。这样，当游客个性化需求增加时可以加大租用量来节省时间和降低大量的基础设施投入成本。反之，当海上丝绸之路个性化旅游需求下降时，则可以减少租用，不用担心投资建设的设施闲置的问题发生。旅游云计算的弹性伸缩和自动部署特点为海上丝绸之路个性化旅游提供了弹性化旅游信息服务，在降低成本的同时，规避了旅游资源闲置和浪费现象的发生。

（3）旅游云计算可以提供一体化的海上丝绸之路个性化旅游信息服务

通过旅游云计算在海上丝绸之路个性化旅游模型中的运用，将游客及与他们相关联的各要素整合在一起，建立一体化的旅游信息服务模式。一体化旅游信息服务模式低成本、高效率的特点，能够更为充分地利用政府及社会各界所投入的旅游资源，在更好地满足游客需求的同时，不辜负政府及投资机构的期望。此旅游信息服务模式强化了旅游信息整合、旅游资源共享的优势，能够使旅游信息服务趋于规范化、透明化，游客们易于接受和参与其中，更有利于提高游客的参与程度及海上丝绸之路个性化旅游的个性化程度。

基于云计算的海上丝绸之路个性化旅游模型

下面将研究如何将旅游云计算应用于海上丝绸之路个性化旅游模式中，下图是基于旅游云计算的海上丝绸之路个性化旅游模型：

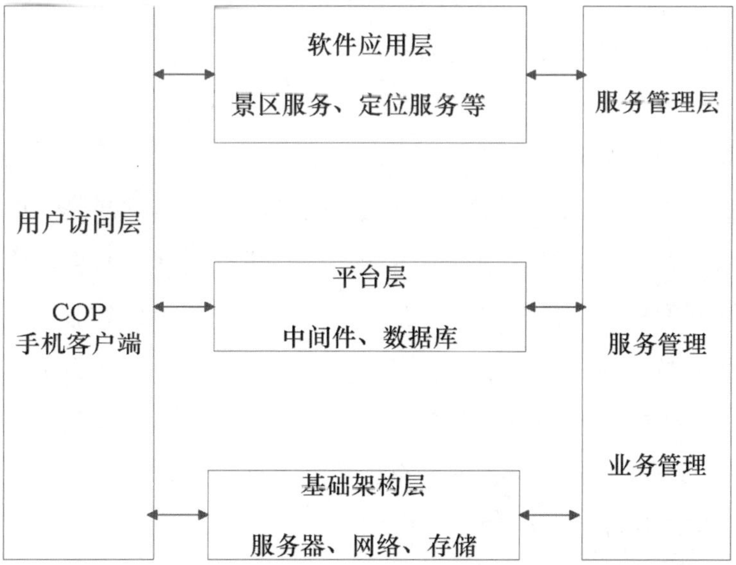

基于旅游云计算的海上丝绸之路个性化旅游模型

如图所示，游客通过游客访问层的手机APP来使用旅游云计算所提供的各种旅游信息服务。COT是我们设计的一个可以方便游客使用的手机APP。此手机APP集中了旅游云计算的旅游资源共享、旅游信息整合、自动化、智能化等特点，同时又具有很高的安全性。结合游客的实际情况上面设置几个实用的触摸图标按钮，如旅游景区图标、旅游热点图标、旅游酒店图标等，分别代表不同的旅游云旅游信息服务功能。

游客可以通过游客访问层的接口来选择需要使用的旅游云信息服务。游客的请求由中间部分的各种旅游信息服务提供支持，旅游信息服务管理层对中间部分提供的各种旅游信息服务进行管理，该层次包含业务管理和旅游信息服务管理，提供了对所有层次旅游云计算信息服务的管理功能，是旅游云计算平台的核心支撑功能，也是评价旅游云计算方案优劣的重要因素。

图中的中间部分包含三个层次：基础架构层、平台层和软件应用层，这三个层次分别提供不同层次的旅游信息服务。其中，基础架构层通过旅游信息服务器、计算机、手机APP为系统提供旅游信息服务器、旅游信息服务、旅游信息网络、存储等；平台层则是对基础架构层的旅游信息服务进行封装，使软件应用层可以使用更高级的旅游信息服务来构建自己的应用；软件应用层为游客提供应用软件，是游客使用旅游云计算的接口，具体包括旅游景区信息服务、旅游热点信息服务、旅游酒店信息服务等。下面我们具体介绍一下基于旅游云计算的海上丝绸之路个性化旅游模型中提供的各主要云模块。

1. 旅游景区信息服务云模块

利用COT的安全性、自动化和保密性等优势，可以为游客提供更加完善的景区旅游信息服务。景区对辖区中的游客旅游信息进行统计、整合，为其进行网上登记，通过互联网实现旅游信息网络化访问和自助式旅游信息服务。这样，只需要很少的专业人员监控这个旅游云计算平台，大大弥补了专业人员不足的问题。另外，此模式提供的支持旅游保险认证功能，通过为游客设置登录账号、密码、指纹识别等技术将旅游云计算、云安全运用到景区的管理中，为游客提供网上认证，确保身份管理的准确、严密。

2. 旅游医疗云模块

基于旅游云计算的海上丝绸之路个性化旅游模型将区域医疗旅游信息化解决

方案引入，提供低成本、易管理、可按需灵活扩展的旅游信息共享平台。此模式略去中间环节，将游客与旅游景区直接建立起互相关联的旅游信息网络系统即旅游医疗云。通过手机APP，当游客点击红十字图标时，表示病情不是很严重，如感冒、头疼等，这可以由景区医疗提供旅游信息服务。当情况紧急，如心脏病突发或者出现胸闷气短等症状时点击120图标，此时旅游景区会接到求救旅游信息，并根据旅游信息的紧急情况派遣医疗小组或者派发120急救车。利用这种小手机APP将游客的旅游信息进行整合，统一交付于旅游景区的云终端，更有效地满足游客的突发性医疗需要。同时，此种做法比那些在景区建立旅游信息服务平台、旅游救护信息需求平台等进行中转的方式要节省很多时间，更有利于对病人进行及时的抢救。

3.旅游购物云模块

旅游购物云模块利用旅游云计算将游客与各大旅游景区商场超市旅游信息进行全面整合，分别推送到旅游景区商家和游客的云终端上，形成一个旅游信息完整的旅游资源汇集池，对游客的购物需求提供自动化管理和快速交付，及时满足游客的需求。游客可以通过手机APP的购物车图标与旅游景区商店联系让他们送货上门，或者旅游景区商店根据COT旅游资源汇集池的记录情况，自动为游客适时地提供物品及旅游信息服务。旅游景区商家可以引入旅游云计算，建立自己的购物云旅游信息网络，更好地满足有特殊需求的游客。

4.旅游定位云模块

游客随身携带的手机APP将游客的旅游信息有效地整合在一起，与游客的亲人、联网的旅游景区、景区等相互联系，方便景区管理人员对游客进行时刻的远程监控，能够准确了解游客所处的地理位置及其所处环境的安全情况。当游客在旅游景区迷路的时候，只须点击迷宫图标，旅游景区的工作人员便会接到呼救信息，通过此技术旅游景区的工作人员可以及时确定游客的地理位置。

5.旅游交流云模块

该模型将旅游交流功能引入到游客的旅行生活，更切实地为游客提供适合他们交流及娱乐的环境氛围。通过旅游信息网络把游客联系在一起，为游客提供有益于他们身心健康的旅游交流方式，如旅游活动。旅游交流云也可以将不能到现场参加旅游活动的人覆盖其中，使他们通过手机APP的音符图标感受活动的快乐，如身临其境一般。与此同时，利用旅游云计算的广泛性将游客与其相关的游客整合在一起，游客与其他游客能够随时联系，扩大了他们的旅游交流范围。

6. 旅途伴侣云模块

游客们也可以通过旅途伴侣云与亲人、其他游客在旅途上互相鼓励与关心。通过旅途伴侣云将个性化游客集中起来，由几名专业人员提供旅游信息网络咨询与旅途心理伴侣，适时地向游客传授积极乐观向上的旅游心态。此外，景区或者其他一些组织可以利用这个旅途伴侣云将游客们的旅游信息和其他游客的旅游信息进行全方位整合及旅游信息网络覆盖，使游客能够看到其他人的组团出游需求。

7. 旅游知识云模块

旅游知识云模块可以为游客提供旅游知识学习功能，使游客更能适应时代发展的需要。此模块运用旅游云计算的旅游资源整合功能将游客与不同的旅游知识机构等相联系，游客可以根据自身的需要，通过点击COT上的学士帽图标随时与旅游知识机构沟通，获得所需要的旅游知识指导。此外，游客还可以通过旅游信息网络互相交流学习的心得体会，有效地帮助社会、景区更好地开展旅游知识。将旅游知识云模块运用到政府创办的旅游学院等旅游知识机构中，能够满足更多游客的学习要求，更有效地利用政府及社会公益组织的资金投入。

基于云计算的海上丝绸之路个性化旅游展望

基于旅游云计算的海上丝绸之路个性化旅游模型可以较好地满足现有海上丝绸之路旅游个性化的需要，具有较好的发展前景。随着旅游信息网络化和智能化，此模型在不久的将来会更符合时代的要求，更充分地发挥出它的旅游资源共享和旅游信息整合等优势，成为海上丝绸之路个性化旅游不可或缺的模式。

第七章

21 世纪海上丝绸之路与智慧旅游之社交网络

如果说在旅游网络社交的起点——电子邮件时代，网络仅仅可以满足游客5%的社交需求，那么今天丰富的旅游社交网络已经可以把这个数字至少提升了10倍，除了“接触型”的旅游社交行为，或者说是“接触型”旅游信息的收集和发布之外，旅游网络社交已经开始承担大部分传统旅游社交的作用。实际上，“非接触型”的旅游社交，原本就占据了游客社交的80%以上，这意味着网络旅游社交对传统旅游必然会带来巨大的影响。说到底，旅游网络社交不仅仅是一些新潮的商业模式，从历史维度来看，它更是一个推动互联网向旅游无限靠近的关键力量。旅游社交网络涵盖以游客社交为核心的所有网络服务形式，旅游社交网络使得互联网从旅游企业应用平台扩展成一个游客社会交流的工具。旅游网络社交更是把其范围拓展到移动手机平台领域，借助游客手机的普遍性和无线网络的应用，利用各种游客交友/即时通信/邮件收发器等软件，使游客手机成为新的社交网络的载体。海上丝绸之路旅游社交网络，也就是网络+旅游社交的意思。通过网络这一载体把海上丝绸之路游客连接起来，从而形成具有某一特点的团体。

第一节　基于社交网络的海上丝绸之路旅游营销

在不远的将来，海上丝绸之路旅游公司将用社交网络来开展主要的旅游产品营销活动，海上丝绸之路游客将用社交网络来开展围绕旅游的社交活动。未来的几年中，很多海上丝绸之旅游公司将开始使用诸如微信的社交平台来发展旅游业务、联系游客，等等。

由于微博网站（例如新浪微博、腾讯微博）、微信平台与其他社交网站（例如，人人网）在世界风靡，许多旅游企业都在寻求一种特别的“旅游企业微博、微信”——这种新型的旅游微博、旅游微信可以供旅游公司使用，其中的内容必须经过旅游公司审核以保证安全。类似“旅游企业微博、微信”的社交网站可以应用于旅游企业与游客之间，双方利用互联网可以实时保持沟通与联系。

微博作为一种拥有独立功能的工具被旅游企业所接受并非易事。旅游类社交网站规模因素决定了其在游客中流行的程度。

对于某些旅游商业活动来说，旅游社交网络与传统旅游活动营销方式（例如发传单、电子邮件）等相比拥有绝对的优势。

海上丝绸之路旅游社交产品的核心需求

第一，手机旅游社交产品通讯基础模块的快和省

手机旅游社交产品种类很多，包括手机IM、SNS、图片分享、位置交友等。而这些旅游社交产品都有一共同的功能：通信，这是手机旅游社交产品最为基础的功能。而游客对通信的要求非常简单，那就是要快和省。

因此所有手机旅游社交类产品开发准则第一条就是：通信基础模块的快和省。如果没有这一基础，其他的功能都是妄谈。

第二，手机旅游社交产品交互设计要轻和简洁

由于旅游社交类应用，都牵扯到游客的交互，而游客交互的设计必须轻和简洁。所谓轻，就是要尽可能减少旅游社交产品的层次，最好只有一层，并可以通过滑动触控迅速在各旅游社交功能之间切换；所谓简洁，就是要求一步可以完成的旅游社交操作，不要让游客做两步。

目前，新浪微博手机客户端的交互就存在很大问题。由于评论与转发分别提醒游客，导致一个内容游客看两次，刷新两次微博，浪费时间和流量，没有做到轻；而评论功能，则需要做两步才可以完成，没有做到简洁。

第三，手机旅游社交产品都应具备 LBS 功能

旅游SoLoMo作为互联网与现实之间的桥梁，可以让游客轻松地从线上走到线下，这也是互联网通过旅游业务从虚拟走向现实的开始。一款旅游社交产品，如果只有线上的沟通，时间久了，游客会感觉到无价值，而一旦整合旅游LBS功能，则让其旅游社交的价值更加实在，更容易落地到具体的旅游景区。

而且通过旅游LBS功能，还可以与身边的各类旅游服务相结合，对游客出游带来巨大帮助。比如，游客通过手机APP或Web的查看附近的旅游景区和查看附近的旅游酒店，就是旅游社交+旅游LBS的应用。

第四，读图时代来临，“旅游轻社交”盛行

游客在旅游的过程中会拍摄大量的照片，有数据显示，Facebook中70%的信息是图片信息。游客随手拿起手机，拍一张旅游景区照片，然后通过分享与其他游客、朋友、陌生人互动，这其实触动了游客show的神经，而每个游客都有show的欲望。

目前，游客有大量可以展示旅途拍摄的照片的途径，微博的美图精选，甚至是手机QQ都加入个人名片图片墙、微信的朋友圈，其实都看中了读图的巨大市场前景。而旅游图片加上简单的文字，构成了旅游轻社交，而其他游客、朋友、陌生人对游客这些旅游照片，或许只是一个“赞”，一个表情符即可表达自己对该旅游照片的观点。游客越来越懒惰，而share和show却越来越疯狂，这正是“旅游轻社交”时代的标志。

第五，陌生游客的旅游位置交友只是旅游甜点

在不久的将来，将出现大量的基于LBS位置旅游交友的社交产品。从本质上看，这些旅游位置交友产品属于通信产品，因为其最大的功能是加旅游好友，然后聊天。由于只是一对一的聊天，因此不具有旅游社交属性。而这类旅游位置交友应用，如果无法形成旅游社区，当游客新鲜感降低后，自然会离开旅游位置交友平台，游客黏性极弱，所以对该类旅游位置交友应用需要和旅游社交网站结合。

由上述可见，只有满足了五大核心需求的海上丝绸之路旅游手机社交产品，才能被旅游市场和游客所推崇。

海上丝绸之路旅游营销社交网络

一个海上丝绸之路旅游品牌的形成，已经越来越依赖于旅游社交网络。

旅游社会化营销正在改变着旅游行业的营销策略和手段，尤其对于旅游酒店等旅游服务行业而言。

游客对于旅游服务有了更多的发言权，旅游服务的有形化可以通过旅游社交媒体的传播和点评来实现。游客点评对旅游消费者的购买决策影响最大，如果旅游企业要保持竞争优势，那旅游经营者就必须将旅游大数据内容挖掘出来的知识

整合到其旅游策略和旅游战略决策过程当中。因此，旅游服务行业如何利用旅游大数据，了解旅游消费者在意什么，并借以思考如何提供给游客独特价值的旅游产品就成为旅游旅游服务行业品牌塑造极具挑战的一件事情。

在旅游大数据时代能胜出的旅游品牌一定是和它的旅游消费者一块创造的。以旅游消费者为中心的旅游企业文化能让旅游公司迅速适应以旅游消费者为主导的旅游社交网络体系。

旅游企业可以通过在社交网络渠道和利用一体化的旅游大数据内容挖掘策略来与游客进行深度交流，以使游客沉浸在旅游品牌体验当中。

1. 旅游社会化营销在旅游品牌战略中的地位

旅游营销的趋势中，旅游社交媒体增加流量是一大趋势，旅游营销应将更多的旅游信息资源转移到线上和移动端，让游客在行前、行中和行后都参与到旅游社交网络中，而且基于位置的旅游服务，多屏化、视频互动等也成为几个明显趋势。

旅游企业可以在旅游社交网络上举办虚拟旅游会，及时与游客粉丝互动对话；积极参与基于位置的旅游服务的APP应用；在社交网络上发布信息让企业的旅游品牌成为重要的搜索关键词。

旅游数字媒体平台可以用来方便与旅游消费者进行互动，培养旅游消费者忠诚。在旅游数字营销上的投入应超过旅游营销总支出的50%。每家旅游企业都应有一名旅游社交媒体经理，有些旅游企业不止一名。旅游社交媒体经理的职责不光是处理游客的投诉，还要与游客交流他们感兴趣的东西。有时在旅游社交媒体上与游客交流的可能就是正在旅游景区旅游的游客。游客过去直接给旅游景区客服或投诉中心打电话，现在游客发微信或写微博。游客在哪里，旅游服务就得跟到哪里。

通过旅游社交网络，旅游企业可以与消费者进行实时交流，拓展旅游企业的旅游服务范围和方式，迅速发展起它的线上游客粉丝数，在旅游行业内先发制人。

2. 旅游专业团队运营管理旅游社交平台

旅游企业可以在旅游社交媒体平台打造其品牌度。旅游消费者期待旅游品牌能在一天24小时内的任何时间与游客进行互动。因此，旅游企业应设有一个专门的部门来运营旅游社交平台，管理内容，将内容传达到所有旅游数字传播渠道。旅游企业在主流的社交平台都应开设自己的账户，并投入足够的资源与旅游消费者互动。比如，Facebook、Youtube、Twitter、LBS、Tumblr、Blogs&Microsites、Google+和Four Seasons Magazine。这些社交平台会让旅游企业打造自己特色的旅游社交平台，并与旅游消费者随时互动和了解。

旅游企业抓住旅游社交媒体平台成功的核心是“真实性”“参与度”。

旅游社交网络，不是简单地创建Twitter账号或者Facebook页面的问题：旅游社交媒体渠道所依靠的是即时性、参与度和真实回应，所以旅游企业要准备好面对配置旅游社交渠道关键资源时带来的额外管理压力。旅游企业有专业的部门进行旅游社交网络平台运营，管理游客的评分和点评，通过旅游社交网络收集到的数据分析，提高旅游企业在线声誉和盈利能力，对于海上丝绸之路高端旅游尤为重要。

所以，旅游企业能给旅游消费者提供个性化旅游服务的前提是关注游客在旅游社交平台上发出的信息，通过不同渠道收集游客反馈信息，持续地与旅游消费者对话沟通，发掘游客的需求，捕捉旅游行业趋势和旅游消费行为趋势，优化旅游企业和旅游品牌在线声誉和点评。

3. 极具效果的内容策略

旅游企业能提供高度定制化旅游服务与它的内容策略是相辅相成的。

专业化的旅游社交平台运作部门通过内容倾听旅游消费者心声，将其付诸行动，为旅游消费者提供更好的体验。旅游旅游社交平台的内容策略分为两个部分：一是游客生成的内容；二是在线上和线下渠道提供引人入胜的旅游体验，旅游消费者会在不同的活动当中与旅游品牌进行互动。比如旅游企业进行的旅游筹划专题策划，开设专门的Twitter和微信账号向旅游消费者提供来自旅游专家的专业建议和有过旅游经历的游客所分享的故事，以互动的方式来为旅游消费者提供一体化和专业的旅游体验。

再比如，旅游企业举办旅游竞猜活动，可以针对商旅群体，也可以针对旅游家庭。可以启用多种旅游社交平台用于此次活动的营销，包括Twitter、微信、各类微博，为每个商旅群体或家庭定制个性化旅游服务。这样的活动可以帮助旅游企业通过旅游社交媒体寻找定位目标游客群。这样的活动可以实现所预期的商业效果，例如旅游收入的同比增长、游客粉丝数的增长。

同时在旅游社会媒体营销中，旅游企业还应专注于“打造其旅游视觉资产”。与旅游服务业中的 “超级明星”进行合作也可以为游客带来令人难忘的体验。

第二节　基于社交网络的海上丝绸之路旅游社交产品

互联网时代，旅游宣传单早就不是传播的主要途径了，要想更多游客知道并尝试海上丝绸之路旅游社交产品，网络旅游社交是一个巨大的宝藏。怎样才能让游客心甘情愿地在旅游社交网络分享海上丝绸之路旅游社交产品呢？

旅游社交产品的自传播机制，用白话表达其实就是如何让游客在旅游社交网络分享海上丝绸之路旅游社交产品。

让旅游社交产品具备自传播机制的方法，就是在旅游社交产品中设置一些“利益”，让游客有动力去主动分享海上丝绸之路旅游社交产品，“利益”有哪些呢？比如旅游社交产品带来的愉悦感，完成旅游任务时的成就感和满足感，比如旅游社交产品能提升自己的形象，比如能给朋友带来价值，比如能显得自己很强大，等等。

在移动互联网领域，好的旅游社交产品，即使没有腾讯、百度或阿里巴巴等大资源的支持，但是如果这款旅游社交产品应用一上线就发展迅猛，日下载量超过万次，那么这样的旅游社交产品应用就是成功的。

以移动互联网旅游社交产品应用为代表的“爆款”旅游社交产品，从进入旅游社交网络的那一刻起就有可能急速狂奔。这种势头还会造成一个独特的现象。当一个旅游社交产品刚刚为游客所知时，业内会出现大量创业团队复制它，但几个月后，竞争对手都消失了，

竞争对手对“爆款”几乎没有构成威胁，追随者被远远地甩在了后面，这是

因为游客们在旅游社交网络中形成的关系壁垒，像是对这些“爆款”一道无形的保护，将竞争对手和追随者逐出场外。

一款爆红旅游社交产品应用往往是在数天至数周内就实现了巨大成功，在细分领域中占据至少90%的市场份额，没有对手能够抗衡。换句话说，优质的旅游社交产品或服务在推动着自己的“引爆点”快速到来。

旅游社交产品引爆的过程

每个旅游社交产品都可能是“爆款”。无论是否拥有资源、经验和资金，快速引爆是每款旅游社交产品或服务都可以具有的能力，这是旅游社交网络所提供的红利。

如果将旅游社交产品进入旅游社交网络的那一刻称为起点，将出现爆发性增长的那一刻称为引爆点，我们在旅游社交产品应用上看到的是典型的“起点即引爆点”现象——它没有经历前期积累的阶段，进入旅游社交网络就立刻引爆，直至高点。

表面上看，能够快速引爆的移动互联网旅游社交产品屈指可数，有许多游客认为这是平台资源、研发技术、旅游社交产品实力和外部条件的综合结果。但“爆款”旅游社交产品，有可能来自坚持多年的创业团队，也有可能来自传统行业或草根个体。无论是否拥有资源、经验和资金，快速引爆是每款旅游社交产品或服务都可以具有的能力，这是旅游社交网络所提供的红利。事实上，旅游社交网络对旅游社交产品以及开发团队的巨大影响可以分为以下几个阶段：

第一阶段：均匀分发。旅游社交网络首先改变了游客们获取信息的方式。被游客们有意无意忽略掉的关系链在其中起到了巨大的作用：游客们获取的信息很大程度上来自好友或关注者的“分享”。这些旅游信息频繁而细微，如同旅游粉尘一样源源不绝。在这个阶段中，构建起一套旅游信息分享体系是旅游社交产品引爆的基础。

第二阶段：快速崛起，触达游客。在这个阶段，旅游信息的供给已经过于充沛，以至于会呈现海量的旅游信息浪费现象。游客们对旅游社交应用、服务或信息已经习惯性地“丢弃”，更吝啬于投入自己的时间和注意力。在这种情况下，占用游客最少时间、经济和动作成本的“廉价旅游娱乐”成为最直接的收益领域。

第三阶段：改变应用开发模式。旅游社交网络时代，游客的耐心更少，容易喜新厌旧。移动应用旅游社交产品往往会面临速生速死的生命周期——在3～5天之内，一个“旅游社交爆款”就完成了自己从爆发到消亡的全过程，这种情况并不少见。相应地，旅游社交应用的开发模式也在发生变化：数十个团队可以不约而同地开发同一类旅游社交应用，在不同的游客群中进行测试，同时在相互借鉴中各自快速迭代升级。

旅游社交产品引爆的成本

引爆往往是零成本的。“爆款”旅游社交产品往往具有两个共同点：游客的使用成本低，分享动力高。

在移动互联网上，蕴含分享力的旅游社交产品会推动旅游信息在游客的关系链中快速流传。在“起点即引爆”的旅游社交应用与服务中，大多数游客都扮演了重要角色，他们的每次分享都能带来更多新的游客。“爆款”旅游社交产品的转化游客比例更高，这也意味着信息的流动、分享和转化损耗非常低。因此，新游客的获得对开发者而言几乎是零成本的。

成本越低，越爱使用。要达到“起点即引爆”的效果，旅游社交产品开发者的首要任务是降低游客的理解成本，也就是降低游客在参与一个旅游社交应用、活动、服务时所花费的时间与步骤。此外还需要考虑到游客的消费成本，即游客在使用一款旅游社交产品、参与一个旅游社交活动过程中是否流畅、简单。旅游社交产品的易操作性通常是创业者和旅游社交产品经理最关注的要素之一。

旅游社交产品需要一切从简，易于上手。这与移动互联网从业者提出的“2秒定律”相符：如果一款旅游社交应用无法在2秒钟内让游客明白这款旅游社交产品是什么，该如何操作，就会被抛弃。实际上，游客在某一环节多花1秒钟的时间，在该环节的游客流失率就将提升8%～10%。

无论是理解成本还是消费成本，都与旅游社交环境息息相关。在PC时代，游客黏着在互联网上的时间可以长达几十分钟、几个小时，而在移动互联网时代，游客们打开和关闭一款旅游社交应用的时间可能短至几分钟。越是通俗易懂的旅游社交应用越是容易在泛滥的同类中脱颖而出，被快速引爆。对于旅游社交产品开发者来说，应该依照这个原则抓住旅游社交产品与游客的每一个接触点，将使用过程设计得简单易操作。

旅游社交产品的分享

游客收益驱使分享力，整个旅游社交红利的获取，很大程度上都依赖于游客的主动分享。

如果有游客愿意为一款旅游社交产品分享，那就是真爱这款旅游社交产品。游客在为自己选完旅游产品之后，也会为其他好友、家人推荐旅游产品，这就是旅游社交产品分享力的真实写照。

在旅游产品销售中可以引入分享机制：游客下单可以不用自己付钱，而是分享给好友，让他人为自己付费。这些环节可以激发游客们的讨论和分享，并可以在短短几天内吸引上万甚至上百万游客的参与。

游客分享的动力从何而来?当游客们将使用一款旅游社交应用、一项旅游社交服务或参与一项旅游社交活动时，有意无意间都希望自己获得某种收益：可以是为自己和其他游客带来的价值，或帮助其他游客的精神或物质奖励。推动分享的另一大动力则是“娱乐性”，比如旅游社交产品带来的愉悦感，完成任务时的成就感和满足感。

成本和收益是衡量互联网上一款旅游社交产品或服务的标尺。只要操作够简单、够轻松(成本)，游客使用后愉悦感强、意犹未尽(收益)，一款旅游社交产品就更有可能实现爆发性增长。

旅游社交产品引爆的规律

“爆款”旅游社交产品往往都有着许多共同点，遵循旅游社交产品引爆定律。

使用时间越短，越容易引爆

“爆款”旅游社交产品往往不是团队开发的第一款旅游社交应用，而是团队在多次试探之后实现的爆发。

相比于之前默默无闻的老旅游社交产品，此类旅游社交产品的玩法都更为简单，也与游客在旅游社交网络上的行为有着更为密切的关系。旅游社交网络往往缺乏能够让游客快速收获愉悦体验的轻量级旅游社交产品。大部分移动端的旅游社交产品都略显“重度”，耗时较长。

玩法越新颖，引爆速度越快

旅游社交产品引爆的直接结果就是迅速获得大量游客。与此同时，它也会令游客好友间的信息分享迅速同质化、沙漠化。因此，完全复制“爆款”旅游社交产品和其他成功旅游社交产品已经变得没有价值，海上丝绸之路旅游社交产品需要拿出独创性的新玩法。

游客越投入，影响力越大

现在的游客已经习惯于大量的信息浪费。在朋友圈中“刷屏”的信息或应用很可能被轻易地忽略掉，然而游客的自发投入却会改变这一状态。通过自发组成旅游社交产品社群，主动提供信息、分享心得或帮助其他游客解决问题等，信息传播能够从强关系辐射到更多弱关系和陌生游客中去。

黏着性越低，衰减速度越快

对于黏着性不强的旅游社交应用来说，游客抛弃的速度与他们爱上这款旅游社交产品的速度同样快。我们在旅游社交产品“起点即引爆”的曲线中，都将毫无例外地看到了陡峭的下行曲线。

我们虽然无法精准地预测谁是下一个“爆款”旅游社交产品，却能够提炼出这样一个“引爆公式”：

引爆=游客收益×可娱乐性×热点系数×游客与旅游企业间的信任/参与成本

收益指游客能够从中获得的服务质量、信息、技能以及愉悦体验，也包括从中获得的存在感和认同感等。相对于无意义的心灵鸡汤、语录党泛滥，通过提供有价值的优质旅游信息和攻略，可以令游客获得更大的受益。

旅游社交产品娱乐性更多的是指“廉价娱乐”，也就是用最少的投入获得最快的愉悦享受。正如从早期微博平台上盛行的“猜猜我和哪个明星像”，到“打飞机”“围住神经猫”，游客在体验和炫耀一个旅游社交产品后，就会去寻找下一个带来愉悦感的旅游社交产品。

将热点系数作为关键指数纳入到该公式中，是因为热点事件能为旅游社交产品或现象的引爆加分不少：热点事件例如，某明星或领导人到某旅游景区旅游，某国家政策出台对海上丝绸之路旅游的支持。

可见，一个旅游社交产品走红本身也能够成为热点事件，推动下一波热潮。如果团队能将游客收益与热点事件、旅游社交产品的娱乐属性相结合，在旅游社交网络中的引爆指数就会更为惊人。

旅游社交产品的价值

无论从哪个角度去观察，旅游社交红利的本质都在促进旅游社交产品的价值回归，即旅游社交产品和体验越好，游客推荐和分享的动力越大。在这个氛围中，旅游企业事实上是在经营自己的游客粉丝，不断积聚游客的信任，因此游客与旅游企业之间的信任程度也成为非常关键的一个指数。

参与成本指的是游客在某一旅游社交服务、信息或应用上的时间投入。一个无法提供快速直接响应，需要多次步骤、反复操作的旅游社交产品注定会被游客抛弃——毕竟，阻碍游客用最少的时间(最廉价的方式)获得愉悦感，在这个时代已经不合时宜。

为游客提供价值是所有旅游社交产品的最终使命，为价值植入分享的理由是旅游社交产品能够得以传播的最好方法，所以，做旅游社交产品在实用性的基础上还要加入娱乐元素。

第八章

21 世纪海上丝绸之路与智慧旅游之 O2O

海上丝绸之路旅游O2O即Online To Offline（在线离线/ 线上到线下），是指将线下的旅游商务机会与互联网结合，让互联网成为线下旅游交易的前台。O2O的概念非常广泛，既可涉及线上旅游，又可涉及线下旅游，可以通称为O2O。其实旅游O2O模式，早在旅游团购网站兴起时就已经开始出现，只不过游客更熟知旅游团购的概念，旅游团购产品都是临时性的促销，而在旅游O2O网站上，只要网站与旅游商家持续合作，那旅游商家的旅游产品就会一直“促销”下去，旅游O2O的商家都是具有线下实体旅游产品的，而旅游团购模式中的旅游商家则不一定。旅游O2O电子商务模式需具备五大要素：独立网上旅游商城、国家级权威行业可信网站认证、在线旅游网络广告营销推广、全面旅游社交媒体与游客在线互动、线上线下一体化的游客会员营销系统。

第一节　21世纪海上丝绸之路旅游的O2O整合

海上丝绸之路旅游网络是渠道还是海上丝绸之路旅游市场？在大部分海上丝绸之路旅游企业眼里，海上丝绸之路旅游网络被定为一种渠道。有的海上丝绸之路旅游企业把海上丝绸之路旅游网络看成是一个大终端，所以它只开了一个海上丝绸之路旅游网络平台；有的海上丝绸之路旅游企业把海上丝绸之路旅游网络看成是一个大渠道，所以它整编了无数海上丝绸之路网络平台。

但海上丝绸之路旅游网络又不仅仅是渠道，它已经开始呈现出海上丝绸之路旅游虚拟化生活的趋势，人们可以借助于海上丝绸之路旅游网络，完成几乎所有的海上丝绸之路旅游生活需求。

于是，有一小部分海上丝绸之路旅游企业开始思考，海上丝绸之路旅游网络或许应该算是海上丝绸之路旅游市场，一个具有特殊需求的海上丝绸之路旅游市场。需求的特殊性，必然要求供应的特殊性，而当这些为了海上丝绸之路旅游网络定制的产品，和原有的海上丝绸之路旅游线下产品产生了不可协调的冲突时，为了避免形成海上丝绸之路旅游市场冲击，推行海上丝绸之路旅游子母品牌战略，相互区隔相互保护，就显得水到渠成了。

譬如25～32岁的小白领，这一最集中的海上丝绸之路在线旅游及网购旅游人群，是目前海上丝绸之路旅游集团最垂涎，但也是渗透率普遍不高的群体。如何渗透？方法其实很简单，价格平民化、风格大众化。但显然，海上丝绸之路旅游集团，初步形成了相对稳定的海上丝绸之路旅游品牌风格，以及相对高端的价格定位。如果为了迎合海上丝绸之路在线旅游及网购旅游人群的需求，推出海上丝绸之路旅游网络专供的产品线，尽管没有对海上丝绸之路旅游线下渠道产生直接的冲击，却会严重影响到海上丝绸之路旅游品牌的长期发展。

为了既能渗透海上丝绸之路在线旅游及网购旅游市场，又不会影响到现有海上丝绸之路旅游品牌的战略定位，可以专门推出一个纯粹的海上丝绸之路在线旅游及网购旅游子品牌，专营线上；而母品牌固守海上丝绸之路旅游线下，海上丝绸之路旅游子母品牌战略清晰、长远，且易于操作，当然也需要一定的勇气。

在确定实施海上丝绸之路旅游子母品牌战略前，海上丝绸之路旅游企业特别需要明确，子母海上丝绸之路旅游品牌适不适合同时兼顾网上海上丝绸之路旅游市场？如果能兼顾，当属最佳方案，毕竟启用一个新海上丝绸之路旅游品牌，耗资巨大。

线上海上丝绸之路旅游线下整合的模式

一方面在海上丝绸之路旅游线下的景区旅游产品销售上持续保持业内领先地位，但另一方面也同时将拓展直营旅游电子商务渠道视为公司重点战略。

如果我们将海上丝绸之路旅游品牌公司分为三类，一类叫作“纯水泥”公司，也就是只有海上丝绸之路旅游线下景区旅游产品的传统海上丝绸之路旅游品牌商；一类叫作“纯鼠标”公司，特指没有海上丝绸之路旅游线下旅游景区的基础，直接从在线/购物旅游海上丝绸之路旅游网站起家的新兴海上丝绸之路旅游品牌，而还有一类就是所谓的“鼠标＋水泥”公司，属于上面两者的结合，既有海上丝绸之路旅游线下旅游景区支持，也支持线上海上丝绸之路旅游网站在线/购物旅游的公司。

“纯水泥”公司上网销售面临的一大问题就是——公司如何防止海上丝绸之路旅游线下渠道和线上在线/购物旅游渠道相互冲突，从而保证全局销量的最大化？

从引来海上丝绸之路旅游用户、转化海上丝绸之路旅游用户、留存海上丝绸之路旅游用户这三方面来说，传统知名海上丝绸之路旅游品牌商发展直营网上渠道时，相对其他所谓的“纯鼠标”海上丝绸之路旅游品牌来说，拥有不少先天优势：

1. 海上丝绸之路旅游景区推广海上丝绸之路旅游网站

运营海上丝绸之路旅游网站的第一个难点是如何创造流量，也正如一个大型商场首先要操心的事情是如何让更多的潜在顾客走进自己的大门一样，因此很多海上丝绸之路旅游网站的成本支出重头都在营销推广费用上。

而海上丝绸之路旅游网站公司成立初期首先就充分利用了自己广大的实体旅游景区海上丝绸之路旅游网络来做推广，包括在景区内广告海报上印刷自家在线/购物旅游网址及二维码，让职员向游客口头推荐，甚至还在一些重点景区中提供了链接到海上丝绸之路旅游网站的电脑让顾客尝试。

2. 更低的海上丝绸之路旅游用户接受门槛

如何促进海上丝绸之路旅游用户从单纯浏览到下单，是第二个重要任务。影响一个海上丝绸之路旅游用户是否在某个海上丝绸之路旅游网站下单的最主要因素之一，也还是海上丝绸之路旅游品牌信任问题。

对于老海上丝绸之路旅游品牌，海上丝绸之路旅游用户浏览旗下的海上丝绸之路旅游网站时，会自然地将这份信任传递过来，提升初次在线/购物旅游转化率。

3. 通过优秀的服务留住海上丝绸之路旅游用户

这是第三个重要任务。传统知名海上丝绸之路旅游品牌商发展直营网上渠道时的服务是优秀的，因为有实体旅游景区做后盾。

在线/购物旅游海上丝绸之路旅游网站群还为传统知名海上丝绸之路旅游集团提供大量的非直接收益，包括整体海上丝绸之路旅游品牌美誉度的提升，为顾客提供一套无缝整合并且始终一致的在线/购物旅游体验，而且还能收集到大量有价值的消费行为数据，例如所有海上丝绸之路网上用户的行为都可以被后台系统记录下来，包括浏览和最终购买过的旅游产品、点过的网页、购买频率和习惯，等等。

这些数据如果想通过传统海上丝绸之路旅游线下旅游景区来收集将非常困难，如果海上丝绸之路旅游企业尝试用RFID无线技术将店内的每一件景区特产打上标记，希望借此来跟踪有哪些景区特产被顾客带到了哪些地区，但是最终将没有购买的，是执行成本高和效果有限的缘故。

正是因为看到了这些直接和间接的好处，传统海上丝绸之路旅游集团应尽早坚定建设旅游电子商务渠道作为自身竞争战略优势的核心之一，从组织架构、政策和执行上做大量支持。

例如将旅游电子商务运营团队独立设置成一个更灵活的部门，而不是附属于传统景区销售体系下，甚至为了提升效率而不惜工本为旗下海上丝绸之路在线/购物旅游网站的运营建设独立的海上丝绸之路在线/购物旅游仓储体系，并且从激励和管理机制上，将为线上订单和顾客提供良好服务支持作为考核指标之一，下发到各个实体旅游景区中。

传统海上丝绸之路旅游集团的新做法

在海上丝绸之路旅游线下渠道的引流和支持下，传统海上丝绸之路旅游集团的海上丝绸之路旅游网站已经站稳了脚跟。如今，新的课题是如何利用已经建立起来的影响力和海上丝绸之路旅游用户群来反向带动景区旅游产品销售。

海上丝绸之路旅游网站对于海上丝绸之路旅游用户的黏性非常强，在海上丝绸之路旅游网络上甚至能找到专门针对这个海上丝绸之路旅游网站的讨论组和聊天室。

可以以一周为一个周期固定投放一定数量、不同类型的单次在线/购物旅游优惠券（包括全单按比例打折和在线/购物旅游满特定金额就可获得一定现金抵扣），这些券只能在实体旅游景区使用。同时也会每周推出一个本周特卖品，基本上都是用五折以下超低价提供的海上丝绸之路旅游生活常用服装款式，同样也是只在海上丝绸之路旅游线下景区中销售。

海上丝绸之路旅游网站在网络上传播起来，一方面固然是因为给海上丝绸之路旅游用户提供了实惠，例如不定期会提供“在线/购物旅游满100元就能折扣掉75分”这样的超级优惠券；另一方面也是因为这些优惠券并不是简单地罗列到海上丝绸之路旅游网站上，而是让海上丝绸之路旅游用户在海上丝绸之路旅游网站上通过“寻宝”的方式来做一些简单小游戏。

海上丝绸之路旅游用户通过将鼠标放在不同的旅游产品进行搭配就有可能发现不同类型的优惠券，这种趣味性也是为什么每到晚上的时候就会有大量的粉丝聚集在一起，讨论本周最新最好的优惠藏在哪儿，并开始不断刷新海上丝绸之路旅游网站（因为每周的优惠券会在晚上进行更新）。

对于海上丝绸之路旅游品牌商来说，无论是“纯鼠标”“纯水泥”还是“鼠标＋水泥”，最终的目标都应该是服务海上丝绸之路旅游用户，渠道平衡应该是为之服务的，千万不可本末倒置。

第二节　基于O2O的21世纪海上丝绸之路在线旅游

海上丝绸之路旅游O2O作为一种新型海上丝绸之路在线旅游商业模式，随着海上丝绸之路旅游团购网站兴起而被人们逐步认识和接受。海上丝绸之路旅游O2O是让海上丝绸之路旅游消费者在线支付购买线下的旅游商品和旅游服务，再到线下去享受海上丝绸之路旅游服务，其作为新的海上丝绸之路旅游商业模式，无论对传统海上丝绸之路旅游景区或海上丝绸之路旅游服务企业的在线旅游应用，也对传统海上丝绸之路在线旅游平台走向线下和竞争力加强，都将起到巨大作用。

海上丝绸之路旅游商业模式

海上丝绸之路旅游商业模式是为实现海上丝绸之路旅游客户价值最大化，把能使海上丝绸之路旅游企业运行的内外各要素整合起来，形成一个完整的高效率的具有独特核心竞争力的运行系统，并通过最优实现形式满足海上丝绸之路旅游客户需求，实现海上丝绸之路旅游客户价值，同时使系统达成持续盈利目标的整体解决方案。

海上丝绸之路旅游商业模式的核心原则，即海上丝绸之路旅游商业模式的内涵、特性，是对海上丝绸之路旅游商业模式的延伸和丰富，是成功的海上丝绸之路旅游商业模式必须具备的属性。它包括海上丝绸之路旅游客户价值最大化原则、持续盈利原则、海上丝绸之路旅游资源整合原则、融资有效性原则、组织管理高效率原则、创新原则、风险控制原则和合理避税原则等八大原则。1.海上丝绸之路旅游客户价值最大化原则：一个海上丝绸之路旅游商业模式能否持续盈利，是与该模式能否使海上丝绸之路旅游客户价值最大化有必然关系的。2.持续盈利原则：海上丝绸之路旅游企业能否持续盈利是我们判断其海上丝绸之路旅游商业模式是否成功的唯一的外在标准。持续盈利是指既要盈利，又要能有发展后劲，具有可持续性，而不是一时的偶然盈利。3.海上丝绸之路旅游资源整合原则：整合就是要优化海上丝绸之路旅游资源配置，就是要有进有退、有取有舍，就是要获得整体的最优。4.创新原则：成功的海上丝绸之路旅游商业模式不一定是在技术上的突破，而是对海上丝绸之路旅游某一个环节的改造，或是对原有模式的重组、创新，至是对海上丝绸之路旅游的整个游戏规则的颠覆。5.融资有效性原则：融资模式的打造对海上丝绸之路旅游企业有着特殊的意义，尤其是对中国广大的中小海上丝绸之路旅游企业来说更是如此。此外还包括组织管理高效率原则、风险控制原则和合理避税原则等。

海上丝绸之路旅游 O2O 模式

海上丝绸之路旅游O2O(Online to Offlinc)是指把线上的海上丝绸之路旅游消费者带到现实的海上丝绸之路旅游景区中去——海上丝绸之路旅游在线支付购买线下的海上丝绸之路旅游商品和旅游服务，再到线下去享受海上丝绸之路旅游服务。其核心就是通过打折、提供信息、海上丝绸之路旅游服务等方式，把线下海上丝绸之路旅游景区的消息推送给互联网海上丝绸之路旅游用户，从而把他们带到现实的海上丝绸之路旅游景区中去——即将线下商务的机会与互联网结合在一起，让互联网成为线下交易的前台。这样线下海上丝绸之路旅游服务就可以用线上来揽客，海上丝绸之路旅游消费者可以用线上来筛选海上丝绸之路旅游服务，还有成交可以在线结算，很快达到规模。

1. 海上丝绸之路旅游 O2O 海上丝绸之路旅游商业模式作用

按照对象不同，可以分为三个方面，一是对于海上丝绸之路旅游用户：获取更为丰富、全面的海上丝绸之路旅游景点及其海上丝绸之路旅游服务内容的信息；更加便捷地向海上丝绸之路旅游景点在线咨询并进行预订；获得相比线下直接海上丝绸之路旅游消费较低的价格。二是对于海上丝绸之路旅游景点：能够获得更多的宣传、展示机会，吸引更多新海上丝绸之路旅游客户到景点海上丝绸之路旅游消费；推广效果可查，每笔交易可跟踪；掌握海上丝绸之路旅游用户数据，大大提升对海上丝绸之路旅游老客户的维护与营销效果；通过与海上丝绸之路旅游用户的沟通、释疑，更好地了解海上丝绸之路旅游用户心理；通过在线有效预订等方式，合理安排经营，节约成本；对拉动海上丝绸之路旅游新品、新景点的海上丝绸之路旅游消费更加快捷。三是对于海上丝绸之路旅游O2O平台本身：与海上丝绸之路旅游用户日常生活息息相关，并能给海上丝绸之路旅游用户带来便捷、优惠、海上丝绸之路旅游消费保障等作用，能吸引大量高黏性海上丝绸之路旅游用户；对海上丝绸之路旅游景点有强大的推广作用及可衡量的推广效果，可吸引大量线下生活海上丝绸之路旅游服务、海上丝绸之路旅游景点的加入；巨大的海上丝绸之路旅游广告收入空间及形成规模后更多的盈利模式。

2. 海上丝绸之路旅游 O2O 海上丝绸之路旅游商业模式的核心

线下的海上丝绸之路旅游服务不能装箱运送，更重要的是快递本身无法传递海上丝绸之路旅游社交体验所带来的快乐。但如果能通过海上丝绸之路旅游O2O模式，将线下海上丝绸之路旅游商品及海上丝绸之路旅游服务进行展示，并提供海上丝绸之路旅游在线支付预约海上丝绸之路旅游消费，这对于海上丝绸之路旅游消费者来说，不仅拓宽了选择的余地，还可以通过线上对比择选最令人期待的海上丝绸之路旅游服务，以及依照海上丝绸之路旅游消费者的区域性享受海上丝绸之路旅游景点提供的更适合的海上丝绸之路旅游服务。但如果没有线上展示，也许旅游消费者会很难知晓海上丝绸之路旅游景点信息，更不用提海上丝绸之路旅游消费二字了。另外，海上丝绸之路旅游O2O摸索前行的海上丝绸之路旅游景点，也常会使用比线下支付要更为优惠的手段吸引海上丝绸之路旅游客户进行海上丝绸之路旅游在线支付，这也为海上丝绸之路旅游消费者节约了不少的支出。

对于海上丝绸之路旅游景点而言，原本线上海上丝绸之路旅游广告的成效可以直接被转换成实际的购买行为，由于每笔完成的海上丝绸之路旅游订单在确认页面都有追踪码，海上丝绸之路旅游景点在更为轻松地获知海上丝绸之路旅游在线营销的投资回报率的同时，还能一并持续深入进行海上丝绸之路旅游客情维护。其次，海上丝绸之路旅游O2O是一个增量的市场，由于海上丝绸之路旅游服务行业的海上丝绸之路旅游企业数量庞大，而且地域性特别强，很难在互联网平台做海上丝绸之路旅游广告，就如同百度上很少出现酒吧、KTV、餐馆的关键词，但海上丝绸之路旅游O2O模式的出现，会让这些海上丝绸之路旅游服务行业的海上丝绸之路旅游景点一跃线上展开推广。

从表面上看，海上丝绸之路旅游O2O的关键似乎是网络上的海上丝绸之路旅游信息发布，因为只有互联网才能把海上丝绸之路旅游景点信息传播得更快、更远、更广，可以瞬间聚集强大的海上丝绸之路旅游消费能力。但实际上，海上丝绸之路旅游O2O的核心在于海上丝绸之路旅游在线支付，一旦没有海上丝绸之路旅游在线支付功能，海上丝绸之路旅游O2O中的online不过是替他人作嫁衣罢了。就拿海上丝绸之路旅游团购而言，如果没有能力提供海上丝绸之路旅游在线支付，仅凭网购后的自家统计结果去和海上丝绸之路旅游景点要钱，结果双方无法就实际购买的人数达成精确的统一而陷入纠纷。

海上丝绸之路旅游在线支付不仅是支付本身的完成，是某次海上丝绸之路旅游消费得以最终形成的唯一标志，更是海上丝绸之路旅游消费数据唯一可靠的考核标准。尤其是对提供online海上丝绸之路旅游服务的互联网专业公司而言，只有海上丝绸之路旅游用户在线上完成支付，自身才可能从中获得效益，从而把准确的海上丝绸之路旅游消费需求信息传递给offline的海上丝绸之路旅游商业伙伴。无论是B2C，还是C2C，均是在实现海上丝绸之路旅游消费者能够在线支付后，才形成了完整的商业形态。而在以提供海上丝绸之路旅游服务性消费为主，且不以海上丝绸之路旅游广告收入为盈利模式的海上丝绸之路旅游O2O中，海上丝绸之路旅游在线支付更是举足轻重。

3. 海上丝绸之路旅游 O2O 海上丝绸之路旅游商业模式分类

按雷克汉姆和德文森蒂斯在《旅游销售的革命》中对基本旅游销售类型的划分，将海上丝绸之路旅游O2O划分为交易型旅游销售(成本领先竞争战略)与顾问型旅游销售(差异化竞争战略)。

（1）交易型海上丝绸之路旅游O2O旅游销售模式：其典型方案为海上丝绸之路旅游团购

国内迅速发展的海上丝绸之路旅游O2O模式中，海上丝绸之路旅游团购较为突出，具有代表性。海上丝绸之路旅游团购从竞争战略上可以归类为成本领先型，是一种以打价格战为主的海上丝绸之路旅游商业模式，其突出的优势体现在交易型旅游销售中的打折旅游销售上，适合当前国内行业中间环节不透明、存在暴利的领域。海上丝绸之路旅游团购型的海上丝绸之路旅游O2O通过打折、提供信息、海上丝绸之路旅游服务预订等方式，把线下海上丝绸之路旅游景区的消息推送给互联网海上丝绸之路旅游用户，组织其抱团采购，从而将他们转换为线下游客。交易型旅游销售有两个特点：第一，旅游产品同质化，要抱团采购，旅游产品就不能差异太大；第二，价格几乎是交易的唯一焦点。

交易型海上丝绸之路旅游O2O旅游销售模式最大的制约因素是，市场一旦度过粗放期，利润就失去保障，因此只适合存在暴利的粗放市场。

（2）顾问型海上丝绸之路旅游O2O旅游销售模式：强化海上丝绸之路旅游品牌、海上丝绸之路旅游广告和体验

顾问型旅游销售与交易型旅游销售相反，它考虑的核心不是成本，而是利润。顾问型旅游销售的法则包括：海上丝绸之路旅游产品或海上丝绸之路旅游服务与竞争旅游产品有所差别；海上丝绸之路旅游产品或旅游服务按海上丝绸之路旅游客户需要细分或订制；海上丝绸之路旅游客户对海上丝绸之路旅游产品或旅游服务如何提供解决方案或增加价值并不是完全了解；海上丝绸之路旅游产品或旅游服务要让人感到以海上丝绸之路旅游客户为中心；海上丝绸之路旅游产品或旅游服务的较高成本可以被证明是合理的。

以“海上丝绸之路旅游O2O联动”为目标的线下实体景点的传统海上丝绸之路旅游企业，开始进行线上海上丝绸之路旅游营销时，海上丝绸之路旅游营销战略需建立在海上丝绸之路旅游产品差异化、海上丝绸之路旅游服务差异化基础

上。为避免同质性，采用了差异化营销的手法。在海上丝绸之路旅游产品上，对相同的旅游产品用营销方式进行区隔，相同的营销方式用旅游产品进行区隔。比如在海上丝绸之路旅游服务上，对分销商按海上丝绸之路在线旅游的不同类型旅游产品分拆出来，使海上丝绸之路旅游服务差异化。

此外，海上丝绸之路旅游O2O模式在海上丝绸之路旅游品牌营销、海上丝绸之路旅游广告营销和体验营销三个方面，具有满足顾问型旅游销售的优势。1. 强化网络海上丝绸之路旅游品牌宣传，利用海上丝绸之路旅游O2O强化海上丝绸之路旅游企业在互联网上的海上丝绸之路旅游品牌，以此带动线下旅游销售；2. 通过海上丝绸之路旅游O2O营造海上丝绸之路旅游广告效应，由于海上丝绸之路旅游O2O推广能获得精准的反馈效果，同一般无目标地投放海上丝绸之路旅游广告相比，对于海上丝绸之路旅游景点来说有强大的吸引力。对于海上丝绸之路旅游O2O来说，由于是先下单再进景点，所以很容易评判线上推广的效果好坏。从海上丝绸之路旅游景点来说，加入海上丝绸之路旅游O2O相当于定向海上丝绸之路旅游广告推广；3. 营造良好的线上体验，海上丝绸之路旅游O2O线上海上丝绸之路旅游服务本身，可以通过信息方式，提供良好的海上丝绸之路旅游用户体验。

第九章

21 世纪海上丝绸之路与智慧旅游之技术融合

海上丝绸之路智慧旅游，由多种最先进的信息技术融合而成，站在旅游信息化的前列。这些先进的技术包括物联网技术、大数据技术、数据挖掘技术、云计算技术、移动互联网技术、社交网络技术、O2O技术。在这些不同信息技术融合与交汇的过程中，各种先进的功能、模式、效果都得到了融合与交汇，一些先进的旅游应用模式得到了很好的促进，并在全国内迅速发展起来，从而让海上丝绸之路旅游产业得到了更全面、更快速、更完善的发展。这些发展推动了海上丝绸之路智慧旅游的进程。

第一节　物联网与云计算结合的海上丝绸之路旅游安全平台

海上丝绸之路旅游安全事故将体现在从旅游开发、旅游交通及旅游景区的整条产业链中。从“游乐园死伤”“戏水溺亡”“旅游车祸”“空难暴雨”到“游客失踪”事件，将导致海上丝绸之路旅游用户对海上丝绸之路旅游产品的信心明显不足。

靠海上丝绸之路旅游企业自身的力量建立海上丝绸之路安全旅游系统，在数据来源、资金、技术等方面面临很大的困难。因此，必须寻找一种符合国情、实施成本低，能够有效整合全产业链多数海上丝绸之路旅游企业的安全旅游平台解决方案。

本系统解决方案用物联网和云计算技术构筑一个全集成的海上丝绸之路安全旅游平台，实现旅游开发、旅游交通及旅游景区的全流程监控。具体方法是利用RFID技术实现旅游车自动识别与追踪，实现对旅游交通数据的采集监控，在旅游景区环节用RFID和二维码等数据追踪手段对全程的旅游行为进行监控，并为最终海上丝绸之路旅游用户提供便捷有效的查询手段，实现安全旅游管理。区别于传统的解决方案的是，本系统的软件和数据库系统完全部署和运行在云计算平台上，以SAAS服务的方式提供给各个不同环节的海上丝绸之路旅游行业用户使用。系统能够做到不同的海上丝绸之路旅游企业用户的数据隔离和安全保证，同时海上丝绸之路旅游企业用户可以根据权限和功能的不同，在任何时间、任何地点以网络访问的方式使用符合自身要求的功能，管理自己的数据。

海上丝绸之路旅游安全平台示意图

本系统能够为海上丝绸之路旅游企业提供数据服务，有效管理所有海上丝绸之路旅游产品的生产记录与销售记录，为海上丝绸之路旅游产品的改进提供技术基础。

如果系统都是单一的孤立的系统，数据只放在用户的服务器中，维护成本高，而且无法升级，信息不能共享。而本系统使用物联网技术和SaaS技术，实现对目标旅游景区及游客的旅游数据进行实时采集监控，从而为海上丝绸之路旅游产品的规模化开发和运营提供现代化的信息管理手段，为海上丝绸之路旅游管理者和投资者提供基于网络的远程数据监控平台，为海上丝绸之路旅游用户提供电脑、智能手机等便捷的安全旅游查询手段。

本系统采用世界上最先进的网络数据库服务技术，在海上丝绸之路旅游数据中心可以服务全国、全世界的客户，可以避免硬件设施的重复投资，大大降低海上丝绸之路旅游企业的使用成本，比较容易整合全产业链中不同类型的海上丝绸之路旅游企业用户数据，能解决海上丝绸之路旅游企业分散、普遍规模较小等问题。

本系统可以为政府管理部门提供海上丝绸之路旅游实时监控技术手段，实现海上丝绸之路旅游科学管理和有效管理。

本系统的实施将极大地提高海上丝绸之路旅产品安全管理的信息化水平，同时也是物联网和云计算技术等高新科技在保障海上丝绸之路旅游安全方面的成功应用，为我国海上丝绸之路旅游的贯彻实施提供了有效的科技手段。

系统的构成与关键技术

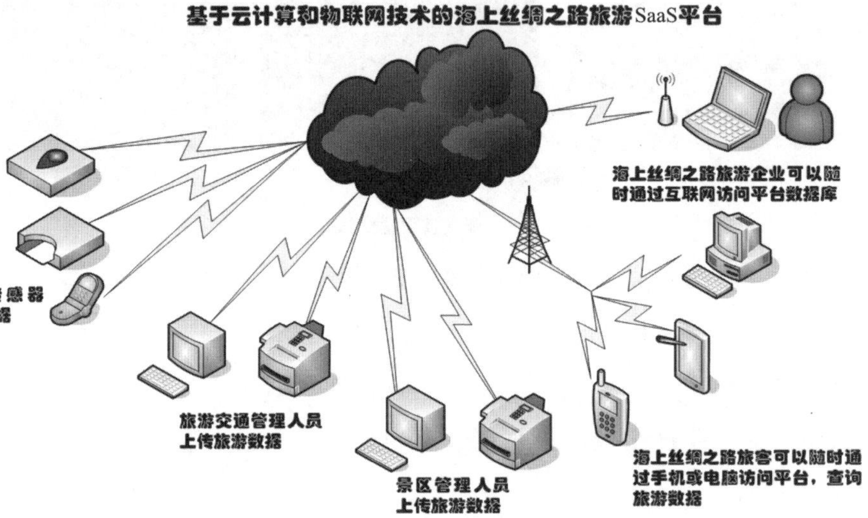

系统的构成示意图

本系统主要由相关的硬件海上丝绸之路旅游产品和网络数据库平台组成。硬件是指基于RFID技术的旅游车电子标志、游客电子挂钩标志、无线传感器、景区商品的RFID和二维码个体标志、具有互联网接入功能的海上丝绸之路旅游物联网智能终端，同时建立基于云计算技术的海上丝绸之路旅游SaaS网上数据库管理平台，对于海上丝绸之路旅游系统内的RFID和传感器节点进行有效的在线管理，并运营这个海上丝绸之路旅游物联网平台，为最终海上丝绸之路旅游用户提供数据存储和增值服务。

海上丝绸之路旅游物联网智能终端是构筑“云+端”系统的关键设备，该终端负责部署在景区现场，适用于旅游开发、旅游管理等各个环节，负责连接RFID设备，并采集数据并上传到海上丝绸之路旅游云平台数据库。

该海上丝绸之路旅游智能终端具有智能操作系统，融合专业传感器和识读装置。内置GPRS、Wi-Fi、Zigbee等多种网络接口，可以将海上丝绸之路旅游景区本地Zigbee网络中的传感器数据、执行器数据透过GPRS、Wi-Fi与海上丝绸之路旅游云端的数据库系统实现双向传输。

在海上丝绸之路旅游物联网系统的搭建过程中，“智能控制中心”起着非常关键的作用，这是一个承上启下的设备，向上能与海上丝绸之路旅游云计算中心进行实时通信，向下能采集传感器节点的数据，并控制传感器节点工作。通过“智能控制中心”这一关键设备，将海上丝绸之路旅游景区现场的传感网络作为海上丝绸之路旅游应用子系统与海上丝绸之路旅游物联网云计算中心无缝融合在一起。

本系统利用统一的海上丝绸之路旅游物联网平台涵盖旅游开发、旅游交通、旅游景区等环节。每个环节都提供专业的物联网技术解决方案，海上丝绸之路旅游所有数据都上传到海上丝绸之路旅游平台上的SaaS数据库中，通过数据挖掘技术，可以提供完整的全流程安全旅游服务。

上述架构是面向海上丝绸之路旅游行业、大数据量、高性能计算的信息处理系统，而在现阶段海上丝绸之路旅游物联网应用还未大规模普及的情况下，海上丝绸之路旅游运营商在建设海上丝绸之路旅游物联网运营平台时，不需要也不可能一步到位，因此可以采用分步实施的策略。

首先，从海上丝绸之路旅游交通、仓库管理和景区监控功能入手，与传感器厂商、海上丝绸之路旅游行业应用厂商共同配合，为旅游运营客户提供海上丝绸之路旅游物联网服务。在这个阶段，可以将海上丝绸之路旅游物联网运营平台部署在云基础设施上，实现资源的虚拟化和弹性伸缩，从而在小规模应用下最大限度地降低成本。

其次，将云平台的网络节点配置和监控功能向计算功能延伸，采用分布式计算等技术实现海上丝绸之路旅游行业计算模型，包装成对外服务；同时与海上丝绸之路旅游行业应用提供商合作。由海上丝绸之路旅游行业应用提供商按云平台接口标准开发云应用，集成到云平台上，形成海上丝绸之路旅游物联网运营平台的平台服务化和应用服务化雏形。

最后，不断拓展云应用的海上丝绸之路旅游行业领域，优化云平台服务和计算模型，提升云管理能力，以增强海上丝绸之路旅游物联网运营平台应对业务量不断增长的要求。这是个长期发展的过程，海上丝绸之路旅游物联网应用和旅游运营客户的规模越大，构建在云计算上的海上丝绸之路旅游物联网运营平台的作用越明显，就越能发挥海上丝绸之路旅游运营商在海上丝绸之路旅游物联网产业链中的价值。

海上丝绸之路旅游交通环节

本系统构筑一个全集成的“网上旅游交通”平台，实现旅游运输环节全流程信息监控。具体方法是利用RFID技术和无线传感器网络技术实现旅游车自动识别与追踪，实现对目标旅游团的旅游交通数据进行实时采集监控，提供现代化的信息管理手段，为海上丝绸之路旅游交通管理部门提供远程监控和应急手段，也为海上丝绸之路旅游管理者和投资者提供基于网络的远程数据监控平台，能够随时掌握旅游运输流量状况。

海上丝绸之路旅游交通环节分为出发、途中、到达等不同阶段，旅游车出发后将安装有RFID电子标签，并通过该电子标签关联它的运输信息，在出发前由司机通过RFID手持机将运输信息、旅游团信息、出发地、目的地写在RFID电子标签上，并通过无线通信GPRS、3G上传到海上丝绸之路旅游数据中心，并在数据中心建立完整的海上丝绸之路旅游交通档案。

RFID 手持机示意图

旅游车运抵海上丝绸之路旅游景区，RFID数据采集器将把标签信息采集并与后台数据库进行关联。检查通过的旅游车中游客将被发放RFID安全旅游标签，到了海上丝绸之路旅游景区的入口处，射频识别通道获取游客RFID身份卡与该游客身份证信息自动关联，同时上传至海上丝绸之路安全旅游监管系统中，实现旅游景区环节与旅游交通环节的信息链接。

比较重要的技术环节是用RFID技术对于景区门票的电子化改造。测试不同频段的RFID技术，面对全金属结构的流水线和高温高湿的环境，较优的是低频125KHz的RFID技术。实践证明低频RFID技术的抗金属和抗环境干扰性能是比较好的。为此，我们可以设计专门用于景区门票改造的低频RFID标签和专用的通道式读写器。

当带有RFID身份卡的游客经入口抵达海上丝绸之路旅游景点，在各个景点设施、位置，该RFID身份卡将被不断读取，从而能够感知游客所在位置及旅游线路。

海上丝绸之路旅游零售环节

当带有RFID身份卡的游客购买景点零售商品，超高频读写器读取商品标签，并与低频通道式读写器读取的RFID身份卡自动关联，并打印交易凭证。在此成交的游客和销售商的交易信息上传到每个海上丝绸之路旅游景区管理方的服务器，再通过互联网实时上传到海上丝绸之路旅游数据中心。

在海上丝绸之路旅游零售店内采用安全旅游查询一体机。可以方便地与数据中心信息对接备案，同时将低成本的二维码不干胶标签提供给海上丝绸之路旅游用户作为海上丝绸之路旅游零售商品凭证。海上丝绸之路旅游用户可以使用现场的安全旅游查询一体机，通过扫描商品二维码标签，即可看到从该商品的所有信息。也可以用自己手中的智能手机，拍下安全旅游标签上的二维码，手机内的安全旅游客户端程序会通过GPRS或者3G访问云端的数据库，下载并在海上丝绸之路旅游用户手机屏幕呈现该商品信息。

系统的前景

本系统利用基于云计算技术的海上丝绸之路旅游网上数据库系统，降低海上丝绸之路旅游服务器等硬件投入。利用SaaS软件技术，降低海上丝绸之路旅游企业软件投入成本。只需要建立一个海上丝绸之路旅游产品云平台系统，即可为全国的海上丝绸之路旅游企业和海上丝绸之路旅游产品零售企业提供安全旅游服务。各个海上丝绸之路旅游企业只需要开通一个账户，即可在云平台上建立一个自己海上丝绸之路旅游企业的海上丝绸之路旅游产品智慧平台。

通过海上丝绸之路旅游产品全程智慧平台系统的建立，从海上丝绸之路旅游开发、交通、零售等环节，都有强大的系统平台做后援。通过RFID或者二维码标志等物联网技术的应用，实现对旅游过程中详细、透明的查询，让海上丝绸之路旅游用户玩得安全、买得放心。这样的物联网技术平台的支撑，能使得海上丝绸之路旅游产品在市场竞争中处于更有利的地位，使得优质优价成为可能。用物联网技术可以实现传统产业的增值。

第二节　21世纪海上丝绸之路旅游社交网络与其他技术的融合

人们已经融入社交网络中，每天用微博、朋友圈进行交流，但社交网络不是独立的，海上丝绸之路旅游社交网络可以通过O2O技术与游客进行更广泛的接触，可以通过云计算、大数据技术对社交网络中的数据进行更有效的处理，从而使得海上丝绸之路旅游社交网络不但可以用于游客的社交活动，还能创造更大的价值，从而对海上丝绸之路旅游的发展产生更大的推进作用。

海上丝绸之路旅游社交网络与O2O的融合

互联网应用于海上丝绸之路旅游产业的思维有两点：第一，用移动互联网做游客的关系，一个旅游企业的旅游产品由一小群游客决定，把这一小群游客圈进来，对这些游客做定向营销；第二，通过O2O旅游电商平台服务游客或其他旅游企业。从而用旅游社交网络加O2O的方式来做游客产业互联网，既可以把旅游产品卖给给游客，又可以把旅游产品卖给其他旅游企业。

海上丝绸之路旅游产业互联网是卖旅游产品的京东商城，和京东唯一不一样的是它的东西主要是电器，旅游产业的东西是卖旅游产品。我们的策略是通过卖旅游产品作为入口建立我们的游客基础以及旅游产品交易和交易数据，然后再利用这个数据为基础去扩张旅游产业，从对游客或旅游企业卖旅游产品到卖旅游产品服务。但是所有的旅游产品服务都是卖给旅游产业平台上面的旅游中小型企业的。所以海上丝绸之路旅游产业互联网平台就是一个专门服务于旅游企业的大的供应链电商平台。

海上丝绸之路旅游产业互联网平台到底用什么互联网的思想，第一海上丝绸之路旅游产业互联网平台用移动互联网做游客的关系，是什么意思呢？一个旅游企业的采购，不是由旅游企业自身决定的，而是由一小撮关键游客群所决定的。如果海上丝绸之路旅游产业互联网平台能够用移动互联网把这些游客圈上来，然后对这些游客做定向营销，这时候海上丝绸之路旅游产业互联网平台再用O2O的模式服务于旅游企业，因为旅游企业的需求很复杂，不可能一个链接就把所有的都做完了，海上丝绸之路旅游产业互联网平台是线上做一部分，线下做一部分，形成闭环，让旅游企业黏在海上丝绸之路旅游产业互联网平台上。海上丝绸之路旅游产业互联网平台可以在已有的社交网络渠道上做营销，例如微信和Facebook，可以把微信当成移动版的CRM和ERP，海上丝绸之路旅游产业互联网平台在后端做云，然后我们把旅游产品服务免费地通过微信推给旅游企业的关键人，然后去服务旅游企业，通过服务旅游企业赢得O2O旅游电商交易。

海上丝绸之路旅游社交网络与大数据的融合

旅游大数据这个一度被视为走在旅游信息化前沿的词汇已不知不觉逐步渗透到旅游企业的方方面面，通过对大规模旅游社交数据的快速汇总、筛选、分析，为旅游行业提供数据价值。

爆发式的旅游社交数据增长在今天已不是新课题。面对如此大量的游客用户群，传统的旅游社交数据分析方式似乎有些“捉襟见肘”。在旅游社交数据量大、运转速度快的旅游社交数据时代，如何快速有效地解决旅游社交数据分析问题，让繁杂的旅游社交数据高速运算成为旅游决策支撑、第一时间提供精细化的旅游社交数据依据？

1. 传统应对之策

在庞大的旅游产业体系中，海量旅游社交数据是显著特点之一。若将海量的旅游社交数据信息“分别建档”，割裂运算，那么其旅游社交数据价值是极其有限的。以旅游社交网络为例，每天拥有上亿人次的页面浏览量，上千万个活跃游客用户。这些游客用户具有性别、年龄、旅游偏好、等级会员等多重属性。庞大的旅游社交数据量固然是旅游分析决策的前提，如果旅游社交数据仅仅是“躺”在那里，也许海量旅游社交数据就变相成了一种“负担”。

面对旅游社交网络庞大的游客用户属性，若想在短期内掌握关键游客用户的关键指标（了解游客用户质量、活跃率、旅游产品消费率等属性），需要选择游客用户性别、年龄、是否会员等维度，经过一系列运算，确认游客用户活跃群体的范围。以男性20～25岁的游客用户为例，如果其日活跃量为是1000万户，旅游产品消费率达5‰，则属于旅游产品消费率高的优质游客群体。如果当旅游项目或旅游产品在旅游活动推广期时，会首先考虑向优质游客群体推广最高战略级旅游产品。那么如何找出这批优质游客用户的范围呢？假如旅游企业现在做一个旅游活动，想知道20～25岁的广东男性游客用户在每天几千万页面浏览量中所占据的活跃游客用户比例。按照传统的工作方式，旅游企业会根据旅游活动实际情况为旅游社交数据分析团队提需求，旅游社交数据分析团队拿到需求后评审需求是否合理及估算工作时长，评审结束后进行开发、验证等流程，耗时较长。

2. 准实时解决之道

面对当今庞大的旅游社交数据基数，传统的“大”旅游社交数据分析流程在经过一定的时间“沉淀”后固然可以挖掘出旅游社交数据部分价值，但高昂的开发、验证成本及大规模的旅游社交数据需求，在愈来愈依靠旅游社交数据做决策的今天，想要突破时间制约，准实时地拿到分析旅游社交数据结果，及时调整后续旅游活动方案是有相当难度的。在旅游社交数据量大、需求性高的双重驱动下，旅游企业云可以自行研发并使用的多维旅游社交数据实时分析系统相较于传统的旅游社交数据分析过程而言，能够相对准实时地提供旅游社交数据分析结果，提供理性的旅游社交数据支持依据。

多维旅游社交数据分析系统平台，通过一系列系统流程及便捷的计算方法，可快速“透视”游客用户本质，满足旅游分析需求。其整体运作流程可以概括为：首先针对不同的情境分析，从原始旅游社交平台日志里面，经过一些简单的运算、筛选，得出在该情境下有分析价值的数据列表，然后根据游客用户不同的多维属性（年龄、地域、旅游喜好、付费能力等）及目标任务自由组合运算，层层累加，大大缩短了运算时间，提高了运算速度。也就是说，多维旅游社交数据实时分析平台可以快速统计出登录游客用户数、登录次数等数据指标，迅速识别一个游客用户的多种应用形式，了解真正的活跃游客用户。

以甄别活跃游客用户及其来源为例，通过游客用户多维属性的加减运算可以判断出游客用户的旅游喜好、来源等旅游社交数据信息，为后续的旅游项目进展提供有力的数据支持。具体而言，通过旅游社交流水数据可以大致知道登录旅游社交平台的游客用户的一些基本信息及基本旅游喜好，比如通过一个旅游社交账号可能登录旅游社交平台的游客空间应用3次，登录旅游社交平台的旅游商城应用5次等信息。在此基础上，经过对旅游社交数据进行进一步的分析、运算整理可知某一个地区的实际活跃游客用户数量为多少，进而对地区游客用户进行相加得到某省活跃游客用户指标，比如说深圳和广州都属于广东省，那么将深圳和广州等广东省活跃游客用户指标相加即可得到广东省活跃游客用户情况，而不是重新再写一条语句，再跑一次任务，这种累加的工作要比去跑一条任务省很多时间。上升至旅游社交应用层面，准实时旅游社交数据解决之道可以快速分析不同地域的游客用户特点，帮助旅游行业进行旅游项目策划，制定精准的旅游推广策略。

通过对多维旅游社交数据的实时分析，可以为旅游行业的宣传策略、游客用户走向及旅游活动推广等方面快速提供决策依据。一些旅游公司在进行旅游推广时仍然采用较为传统的推广方式，即雇佣十几个人按照不同的策略面向不同游客群投放广告（比如一个人今天专门针对男性游客用户的种种属性组合投放广告，另一个人专门针对女性游客用户投放，然后根据一天旅游推广投放结果的转化率得出哪一旅游推广组合纬度转化率最高，进而第二天重点投放该旅游推广组合方向），这是一件非常耗费人力财力的事情。多维旅游社交数据实时分析平台所提取的关键因子可以做到只要拥有游客用户的流水信息，便可知道所有旅游推广维度组合中转化率最高的旅游推广维度组合的游客群特质，快速提出理性的旅游推广建议，大大节省了人力、物力、财力的投入。除此之外，实时分析日活跃游客用户数量的变化情况及背后成因，通过一些旅游推广运营活动对症下药，尽可能最大限度维护游客用户忠诚度。

未来，面对旅游社交数据分析在行业场景中的作用及其未来发展趋势，其实从架构上来讲，无论是离线旅游社交计算还是实时计算旅游社交数据，相对来说都是比较成熟的。在技术条件相对成熟的前提下，更多的是希望如何利用现有的工具组合出更多便捷的旅游社交计算模型，方便在实际旅游社交业务场景中更好地应用。

后 记

海上丝绸之路智慧旅游是一个相对的概念。如同聪明人这个概念一样，聪明人在更聪明的人面前就是个笨人了，反之笨人在更笨的人面前就是个聪明人了。所以本书中的海上丝绸之路智慧旅游，在当前来说是智慧的，但在几十年后，就不一定是智慧的了，因为会有更加智慧的旅游推陈出新，这样才能使得智慧旅游不断地成长。

本书将物联网技术、大数据技术、数据挖掘技术、云计算技术、移动互联网技术、社交网络技术、O2O技术融入智慧旅游之中，例如，利用物联网技术，使得海上丝绸之路旅游电子商务、旅游景区管理、旅游安全、旅游物流更加智慧；利用大数据技术，来促进海上丝绸之路旅游行业转型升级，使得海上丝绸之路旅游资源管理和优化、旅游市场与精准营销、旅游客户关系管理、旅游企业运营管理、旅游数据商业化更加智慧；利用数据挖掘技术，来增进对过去和曾经的旅游业务的理解、对以后和将来的旅游业务的认知、对当下旅游业务进行判断并进行实时处理，来提高游客忠诚度，来进行游客流量预测，使得海上丝绸之路旅游贷款偿还预测和游客信用评价、旅游业务关联分析、游客市场细分、游客价值分析、游客流失预警、新游客开发以及新旅游产品推广更加智慧；利用移动互联网技术，使得海上丝绸之路旅游位置服务、旅游服务Android系统更加智慧；利用云计算技术，来促进海上丝绸之路个性化旅游；利用社交网络技术，使得海上丝绸之路旅游营销、旅游社交更加智慧；利用O2O技术，促进线上海上丝绸之路旅游线下整合，使得海上丝绸之路在线旅游更加智慧。

智慧是无法强加给海上丝绸之路旅游的，所以必须融入海上丝绸之路旅游的实际应用之中，而且这种融入不应该是强加的或形式上的，而应该是能产生实际效果的融入，应该是能真正地提高海上丝绸之路旅游信息系统或信息平台的智商的融入。

参考文献

[1]闭光日.物联网技术在电子商务应用中的探讨，物联网世界，2014-02-12.

[2]管继刚.物联网技术在智能农业中的应用[J]. 通信管理与技术，2010，3(254)：27.

[3]黄倩书，物联网技术在安全中的应用，计算机光盘软件与应用，2013年第12期.

[4]rob van kranenburg.the internet of things[r].2008，50.

[5]刘景文.中国新闻网http：//www.cwestc.com.

[6]孙继平.物联网研究[J].中国网.

[7]高莉.信息融合在监测监控系统中的应用研究[d].徐州：中国矿业大学，2006.

[8]谭立军.物联网在智能物流中的应用，世界大学城，2014.

[9]李向文.欧、美、日韩及我国的物联网发展战略——物联网的全球发展行动[J]. Specialist Forum，2010(3):49.

[10]赵昱.物联网对物流活动影响之展望[J].企业导刊，2010（6):107-108.

[11]孔晓波.物联网概念和演进路径[J].电信工程技术与标准化，2009（12）:12.

[12]ITU Strategy and Policy Unit (SPU).ITU Internet Reports 2012：The Internet of Things[R].Geneva：International Telecommunication Union (ITU)，2012.

[13]北京邮电大学电子商务研究中心.物联网研究报告[R].北京:2013.

[14]孙其博，刘杰，等.物联网：概念、架构与关键技术研究综述[J].北京邮电大学学报，2010，33(3):3.

[15]樊世清，于泽，郭红军.论物联网对供应链管理的影响[J].中国经贸导刊，2009（19）:66.

[16]侯赟慧，岳中刚.我国物联网产业未来发展路径探析[J].现代管理科学，2010（2）:40.

[17]European Commission Information Society and Media. Internet of Things in 2020[R].EPoSS，2012.

[18]左斌，姚瑶.物联网时代物流企业的转型升级[J]. ENTERPRISE MANAGEMENT，2012（7）:98.

[19]吴帅.我国物联网的发展现状与策略[J].科技创业月刊，2013（5）:52.

[20]大数据，http://baike.baidu.com/subview/6954399/13647476.htm，百度百科，2015-6-9.

[21]刘新，韩耀强，陈靓.金融行业大数据应用解析[J].赛迪顾问电子信息产业研究中心，2014-03-25.

[22]曹玉香等.SCADA系统中大数据量处理的研究与开发[J].《制造业自动化》，2009年第12期;

[23]李皎.大数据时代到来对电力行业发展提出新要求[J].《华北电业》，2012年第4期.

[24]金春姬."大数据"在电力新能源方面应用广泛，商业新闻网，2012年7月24日.

[25]仙豆.企业如何利用大数据"点石成金"，CIO时代网，2012年8月24日.

[26]张光茫."数据美国"带来的启示[J].《青年参考》，2012年11月21日.

[27]成思危.未来要运用"大数据"技术改进预测科学，中国经济网，2013年01月26日.

[28]机房360，推荐企业"大数据"应用的八大典型案例，2013年02月01日，中关村在线.

[29]中国电机工程学会电力信息化专委会，《中国电力大数据发展白皮书（2013）》，2013年3月21日.

[30]中国能源网，电力行业信息化投资猛增 步入"大数据"时代，2013年3月29日.

[31]孙柏林."大数据技术"及其军事应用[J].《新时代国防》，2013年第5期.

[32]孙柏林."大数据"技术在工控行业中的应用研究[J].自动化博览，2013 (10):14-20.

[33]傅志华.大数据在电信行业的应用，雷锋网，2014-11-17.

[34]数据挖掘，http://baike.baidu.com/link?url=96ghWAYACuZ_

p75u6LZmVhYP6hf6x8DjgbgGBTb-0TXeoNh1mAFC8mKWIkMDKLtTod54shgkxjpDrRJhp_1LYa，百度百科，2015-6-9.

[35]CIO时代网，大数据于国内影视行业的意义，http://www.ciotimes.com/bi/sjwj/86064.html，2013.

[36]中国中小企业云南网，汽车行业数据挖掘与客户忠诚度，http://www.smeyn.gov.cn/Mode001/Info_Detail.aspx?ID=96886，2013.

[37]经济理论，论数据挖掘技术在电力行业中的应用，http://lw.3edu.net/jjll/lw_138046.html，2013.

[38]数据挖掘在旅游行业十大应用，http://blog.sina.com.cn/s/blog_8813a3ae01018aic.html，2013.

[39]移动互联网，http://baike.baidu.com/view/1168245.htm，百度百科，2015-6-9.

[40]刘经南，郭迟，彭瑞卿.移动互联网时代的位置服务[J].中国计算机学会通讯，2011，12(7)：40-50.

[41]武汉东湖高新技术开发区.国家地球空间信息及应用服务创新型产业集群发展规划（2012-2015）[A].2011

[42]CM Summi t. Internet Trends. Morgan Stanley Report[EB/OL][2010-6-7]. www.morganstanley.com/techresearch，2010

[43]李德仁，李清泉，谢智颖.论空间信息技术与通信技术集成[J]. 武汉大学学报(信息科学版)，2002，26(1):1-7

[44]Pew Research. 28% of U.S. Adults Use Mobile and Social Location-Based Services[EB/OL][2011-9-6]. http://pewresearch.org/pubs/2096/mobile-social-location-basedservices-geosocial-social-media-location-tagging，2011.

[45]智慧城市，http://baike.baidu.com/view/3310078.htm，baidu百科，2015-6-9.

[46]旅游难，http://szsb.sznews.com/html/2014-08/22/content_2980610.htm，深圳商报，2015-6-9.

[47]物联网，http://baike.baidu.com/link?url=e3Wt3uMm_ZSwGHBnzWFML

gWlrwxkyrIDoK7VcDqWp3jadUJLixi_ZHloamaG9ANY6lHCR4NbvZc63QuXgC8hga，百度百科，2015-6-9.

[48]刘经南. 泛在测绘与泛在定位的概念与发展[J].数字通信世界，2011，4:28-30.

[49]Network science and engineering (NetSE) research agenda. A Repor t of the Ne twork Sc i enc e and Engineering Council[A]，Release Version 2.1，2009.

[50]Q Zhao，T Liu，S Bhowmick，et al.Event Detection from Evolution of Click-through Data[C].In Proc.SIGKDD2006，2006，484-493.

[51]Alex Pentland. Socially Aware Computation and Communication[J]. IEEE Computer，2005，38(3): 33-40.

[52]Daniel Olguin.Sensible Organizations:Technology and Methodology for Automatically Measuing Organizational Behavior[J]. IEEE Transactions on Systems，Man，and.

[53]Cybernetics-Part B:Cybernetics，2009，39(1): 43-55.

[54]Marta C Gonzalez，Cesar A Hidalgo，and Albert-Laszlo Barabasi. Understanding Individual Human Mobility Patterns[J]，Nature，2008，453(5): 779-782.

[55]Four square & Wall street Journa l. A week on Foursquare[EB/OL][2011-5-19]. http://graphicsweb.wsj.com/documents/FOURSQUAREWEEK1104/，2011.

[56]Mário J Silva，Bruno Martins，Marcirio Chaves，et al. Adding Geographic Scopes to Web Resources[J].

[57]Computers，Environment and Urban Systems，2006，30:378-399.

[58]贺鹏梓. 刘经南院士谈北大产业. 卫星与通信[J]，2011，5:28-30.

[59]Gyözö G，Xuegang H，Torben B P. Privacy: preserving trajectory collection[C]. ACM SIGMOD，2008.

[60]李清泉，乐阳.基于位置服务的分析与展望[J].中国计算机学会通讯，2010，6(6):10-15.

[61]张园. 移动位置服务应用发展研究[J]. 信息通信技术，2011，5(2):42-46.

[62]胡加艳，陈秀万，吴雨航.海上丝绸之路旅游信息移动位置服务在应急救援中的应用[J].中国应急救援，2008(5):9-10.

[63]余涛，余彬. 位置服务[M] . 北京: 机械工业出版社，2005:25-30.

[64]刘衡萍.移动定位服务应用发展现状分析[J].通信世界，2007(34):51-52.

[65]王明才，姚承宽.位置服务在我国的应用与发展[J].河北师范大学学报(自然科学版)，2009(5):689-691.

[66]朱云龙.LBS在3G中的应用[J].中国商情(通信市场)，2007(Z1):39-40.

[67]王西点.LBS在移动新业务中的应用[J].通信世界，2008(37):30-30.

[68]刘铁健，李瑞涛，吕彬等.我国LBS产业发展的现状分析[J].测绘与空间地理信息，2006，29(3):7-8.

[69]智鼎国研信息咨询. 中国移动定位和位置服务(LBSGIS)市场前景预测研究报告[R].2010.

[70]韩露.3G时代移动运营商竞争策略探讨[J].中国数据通信，2005，(04):48-50

[71]张志德，李本富. 移动云计算之 Android 海上丝绸之路旅游服务系统开发 [J]. 科学技术与工程，2012，3 : 051.

[72]姚昱旻，刘卫国. Android的架构与应用开发研究. 计算机系统应用，2008; (11):110—113

[73]朱立，一种基于Android系统的嵌入式数据库同步方案. 价值工程，2011; (16) : 177

[74]刘昌平，范明钰，王光卫等. Android 手机的轻量级访问控制[J]. 计算机应用研究，2010; (7): 2611—2613，2628.

[75]云计算，http://baike.baidu.com/view/1316082.htm，百度百科，2015-6-9.

[76]胡绍军.大学园区图书馆云服务模式应用研究-以杭州下沙高教园区为例[J]. 大学图书馆学报，2011，1: 63-66.

[77]马瑞. 云计算环境下图书馆自动化系统发展探索[J]. 图书馆学研究. 2009(7). 36.

[78]Keven. 2009 图书馆屹立云端，数图研究笔记，2009-06-07.

[79][2009-09-24]. http://www.kevenlw.name/archives/1306.

[80]ZADL建设小组. ZADL建设方案[R]. 2008.5.

[81]黎春兰，邓仲华. 论云计算的价值[J]. 图书与情报. 2009(4). 42.

[82]胡小菁，范并思. 云计算给图书馆管理带来挑战[J]. 大学图书馆学报. 2009(4). 7.

[83]范并思. 云计算与图书馆，为云计算研究辩护[J]. 图书情报工作，2009，21: 5-9.

[84]李开复. 云中漫步——迎接云计算时代的来到. [2009-05-15]. http://www.googlechinablog.com/2008/05/blog-post_09.html.

[85] [2009-05-15]. http://tametheweb.com/2008/08/04/howcan-libraries-use-the-cloud/.

[86] [2009-05-15]. http://tametheweb.com/2009/01/12/tentrends-technologies-for-2009/.

[87]Keven. 2008图林十大技术进展（下）. 数图研究笔记，2009-01-22. [2009-05-15]. http://www.kevenlw.name/archives/742.

[88]OCLCNewsreleases. OCLCannouncesstrategytomovelibrararymanagementservicestoWebscale. 2009-04-23. [2009-05-15]. http://www.oclc.org/news/releases/200927.htm.

[89]刘炜. 信息技术篇：数字引领秩序　星光依然闪亮[J]. 中国图书馆学报，2009（3）.

[90]孙卫. 图书馆在云时代的思考. 数字图书馆论坛，2009（6）：35-41.

[91]Matrix. 云计算的20个定义. Solidot，2008-07-18. [2009-05-15]. http://internet.solidot.org/article.pl?sid=08/07/18/0511233.

[92]ArmbrustM. Abovetheclouds:Aberkeleyviewofcloudcomputing. ElectricalEngineeringandComputerSciences，2009-02-10. [2009-05-15]. http://www.eece.berkeley.edu/Pubs/TechRpts/2009/EECS-2009-28.pdf.

[93]Opencloudconsortium.[2009-05-15].http://www.opencloudconsortium.org/index.html.

[94]DMTF.Opencloudstandardsincubator.[2009-05-15].http://www.dmtf.org/about/cloud-incubator.

[95]SiegeleL.Letitrise:AspecialreportoncorporateIT.TheEconomist，2008(10).[2009-05-15].https://www.economist.

[96]张亭，薛伟莲. 基于云计算的居家养老模型研究[J]. 中国管理旅游信息化，2013 (14): 96-98.

[97]吕津，许良正，孙斌. 保障我国城市旅游旅游信息服务体系有序运行的对策研究[J].经济纵横，2009（11）：38-41.

[98]http：//money.163.com/11/0428/10/72NHUULC00253B0H.html2010年第六次全国人口普查主要数据公报（第一号），中华人民共和国国家统计局.

[99]奚志勇.中国旅游[M].上海：文汇出版社，2008.

[100]刘维.游客个性化背景下海上丝绸之路个性化旅游模式思考[J].理论与实践.2010（9）：70.

[101]褚宏岩."海上丝绸之路个性化旅游，依托景区，机构补充"旅游模式的思考[J]. 东方旅游企业文化•百家论坛.2011（8）：141.

[102]荆文凤. 黑龙江省海上丝绸之路个性化旅游旅游信息服务工作的现状分析[J]. 经济师，2011（4）：221.

[103]刘迟，陈方宇.吉林省海上丝绸之路个性化旅游旅游信息服务存在的问题与对策分析[J]. 劳动保障世界.2011（11）：38.

[104]朱近之.智慧的旅游云计算：物联网的平台[M].北京：电子工业出版社，2011.

[105]社交网络，http://baike.baidu.com/link?url=8EX7opRFE-MusGIcjikyfbuW0m3F3TssCnuhdGkb93C5wwo5u3lm0h4p9xkCATWLP6gg4Uoc4rQ5KYWGvCII1K，百度百科，2015-6-9.

[106]鹦英，Gartner：半数公司将使用社交网络开展业务，赛迪网，2010，http://news.ccidnet.com/art/1032/20100205/1994919_1.html.

[107]广告买卖网，手机社交产品的五大核心需求，2012，http://www.

admaimai.com/news/ad201205032-ad82470.html.

[108]i黑马，如何用旅游社交网络做品牌带来大量粉丝和收入，网易，2014.http://money.163.com/14/0403/08/90T5CN0A00253G87.html.

[109]创业早报，如何让用户在社交网络分享你的产品，2015，http://event.sj998.com/anli/457106.shtml.

[110]O2O，http://baike.baidu.com/subview/4717113/13607799.htm，百度百科，2015-6-9.

[111]邵国云.LOVO模式:子母品牌区隔线上线下[J].销售与市场（渠道版），2010，3:021.

[112]苏涛. O2O 电子商务商业新模式分析[J]. 全国商情（理论研究），2012，1: 016.

[113]王雪梅.O2O的价值突破[M].IT经理世界.2011.

[114]孙建昆.线下到线上：另一种O2O的思考[M].互联网周刊.2011.

[115]原磊. 国外商业模式理论研究评介[J].外国经济与管理.2007.

[116]文化融合，http://baike.baidu.com/link?url=oTMEY9P_X2GNwdnMwVU3cGjbwzdLhPLH04GkpLMC_byV0g3bHnCdwe_Y-12fr7B9，百度百科，2015-6-9.

[117]罗远明. 基于物联网和云计算技术的畜产品安全溯源平台解决方案[J].中国畜牧兽医学会信息技术分会2012年学术研讨会.上海，2012:165-171.

[118]赵钧.构建基于云计算的物联网运营平台[J]. 电信科学，2010，6:48-52.

[119]Intemational Telecommunication Union. ITU Internet reports 2005-the Interact of things，2005.

[120]孔晓波．物联网概念和演进路径．电信工程技术与标准化，2009(12).

[121]沈苏彬，范曲立，宗平等．物联网的体系结构与相关技术研究．南京邮电大学学报(自然科学版)，2009，29(6).

[122]李超．云计算理论及技术研究进展[J]．科技创业月刊，2009(12).

[123]李新苗．物联网牵手云计算的“两大关键”[J]．通信世界。2010(7).

[124]曹鲁．初探云计算与物联网的“蓝海”[J]．通信世界，2010(7).

[125]康敬伟.用社交网络加O2O做产业互联网，网易科技报道，http://

tech.163.com/15/0322/17/ALB08A7H000915BD.html,2015.

[126]高杨.腾讯云大数据玩转社交网络新模式，网界网，http://industry.cnw.com.cn/industries-event/htm2014/20140415_296224_3.shtml,2014.